처음같이
이제와
항상
영원히

처음같이 이제와 항상 영원히

2017년 9월 22일 교회 인가
2018년 1월 15일 초판 1쇄 펴냄
2018년 3월 16일 초판 2쇄 펴냄

지은이 · 유안진
펴낸이 · 염수정
펴낸곳 · 가톨릭출판사
편집 겸 인쇄인 · 김대영
편집장 · 이현주
편집 · 전혜선, 임찬양, 강서윤, 정주화
디자인 · 정해인
마케팅 · 강시내

본사 · 서울특별시 중구 중림로 27
지사 · 경기도 고양시 일산동구 노첨길 65
등록 · 1958. 1. 16. 제2-314호
전자우편 · edit@catholicbook.kr
전화 · 1544-1886(대)/ (02)6365-1888(영업국)
지로번호 · 3000997

ISBN 978-89-321-1492-7 03810

값 12,000원

가톨릭출판사 인터넷 서점 http://www.catholicbook.kr
직영 매장: 명동대성당 (02)776-3601, (070)8865-1886/ FAX (02)776-3602
가톨릭회관 (02)777-2521, (070)8810-1886/ FAX (02)6499-1906
서초동성당 (02)313-1886/ FAX (02)585-5883
서울성모병원 (02)534-1886/ FAX (02)392-9252
절두산순교성지 (02)3141-1886/ FAX (02)335-0213
미주지사 (323)734-3383/ FAX (323)734-3380

가톨릭의 모든 도서와 성물을 '가톨릭출판사 인터넷 서점'에서 만나 보실 수 있습니다.

이 도서의 국립중앙도서관 출판예정도서목록(CIP)은 서지정보유통지원시스템 홈페이지(http://seoji.nl.go.kr)와 국가자료공동목록시스템(http://www.nl.go.kr/kolisnet)에서 이용하실 수 있습니다.(CIP제어번호: CIP2017025070)

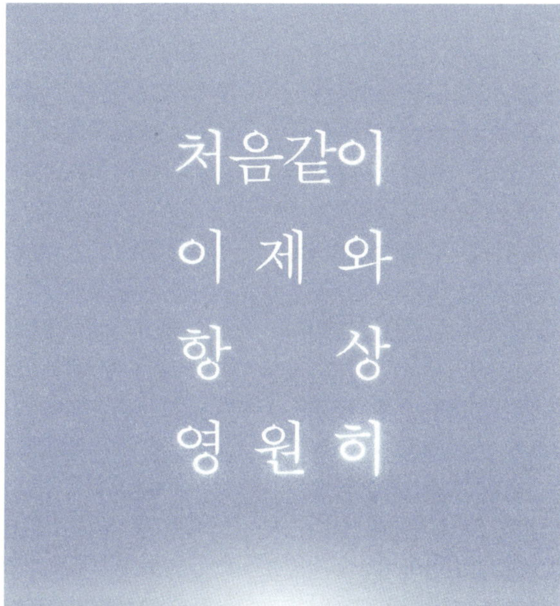

처음같이 이제와 항상 영원히

유안진 산문집

가톨릭출판사

일러두기

• 이 책에는 저자가 사용한 시적 표현이나 표기, 방언, 직접 화법 등이 그대로 수록되었습니다.
• 본문에 실린 저자의 시 중 일부는 창작 과정에서 다른 곳에 수록된 것과 다를 수 있음을 밝힙니다.
• 5부는 저자의 부군인 고故 김윤태 님을 추억하는 글로 저자와 두 자녀가 쓴 글입니다.

머리말

또 책을 묶어 부끄럽다. 이 말에 온갖 미묘 복잡 착잡함이 담길 수밖에. 그럼에도 쓰는 이들끼리는 공감되는 무책임한 언사이자 특권이리라. 서울주보, 수원주보, 《참 소중한 당신》, 〈교원신문〉, 〈국방신문〉 등 일간 · 주간 · 월간지 등에 연재 게재되었던 글 모음이나, 써진 말보다는 써질 수 없는 행간이 읽히기를 더 바랄 뿐.

어떤 글이든 필자만의 스타일로 써진다. 필자 이름 없이 읽다가 그의 이름을 알게 될 글이면 성공한 글쟁이라고 할 정도로 자기만의 쓰기 스타일이 있고. 그럼에도 제목-내용의 일치와 몇 마디로 응축 요약된 제목이 주제(主題)-내용을 대변하여, 제목만으로도 주제를 짐작하고, 읽는 순서나 선택도 좌우하게 된다. 또한 부분이 넘쳐서 핵심을 흐리게 하거나 전복하진 않았나? 전체 흐름의 기복 변화는 적절했나? 등등도 되짚어진다.

무논리가 논리인 문학의 논리, 즉 비약 엉뚱함 뒤집기 거꾸로 로꾸거로… 등등에서 독자의 상상력이 자극 촉발되기를-. 글에서 폭로되는 치부와 약점이 독자에게 한 모금의 위로와 치유가 되기를 바라서, 제목도 《처음같이 이제와 항상 영원히》로 하게 되는지 여전히 모르고 몰라 하고 싶으면서.

2017년 9월

유안진

차례

2부

3부

4부

5부

1부

발(足)은
동사(動詞)이고 머리라고

외등 빛이 닿지 않는 데를 걷는데 발소리가 따라온다. 발소리의 무게가 느껴지자 더럭 겁이 났다. 아직도 겁나는 나이인가? 요즘엔 아무에게나 아무 데나 이유 없는 화풀이 곧잘 한다지 않던가. 걸음이 빨라져 경비실 근처로 와서 돌아다보니 어린 남학생이었다. 내가 멍청이라도 한참이라니까! 이렇게 상상만의 공포를 자주 경험하면서도 밤늦어야 걷게 된다. 낮엔 바쁘고 뜨겁고 초저녁엔 드나드는 차량이 많아 서로에게 불편이 된다. 그래서 밤늦은 시간에야 아파트 단지 내의 여러 갈래 길을 몇 바퀴나 걷다가 들어간다.

걷기 좋은 계절 걷기 좋은 밤이다. 낡은 아파트일수록 우거진 수목의 향기도 좋고, 가까운 여러 조각 산의 아카시아 꽃향기도 호강스럽다. 37년 동안 이 동네를 떠나지 못하는 이유 중 큰 것일까? 여기저기 건물이 파고들어서 앞뒤 옆구리가 조각조각 쪼개진 산이지만, 해마다 아카시아 꽃향기는 여전한 것 같다. 전에는 뻐꾸기 소리가 새벽잠을 깨웠고, 여름은 시내보다 5도쯤 더 시원하고, 겨울은 그만치 더 상큼 짱짱 맑았는데, 올해는 창문을 열어야 뻐꾸기 소리가 들렸다.

나는 밤을 더 좋아한다. 밤이야말로 모든 생명체에게 베푸는 신의 최고 자비로움 같다. 낮 동안 핏발 서던 두 눈이 어둠 속에서야 시원하고 편안해지곤 한다. 적절히 가려 주고 숨겨 주어서 어둠 자체만으로도 휴식이 된다고. 눈만이 아니라 청각 후각 촉각 등 모든 감각이 어둠의 덕분으로 비로소 쉴 수 있는 듯. 하늘도 참 하늘은 밤하늘이라고. 별은 안 보여도 제자리에 있으려니. 고층 아파트의 꼭대기에 애처롭게 떠 있는 흐린 달도 제 일하러 나온 듯 그의 발걸음이 갸륵하다. 저 높은 밤하늘에서의 그 모든 것들의 은혜로움에 두 발도 제 몫의 생각에 바쁜지 저절로 나아간다.

자정이 가까워지면서 귀가 차량도 줄어들어 숲 속처럼 아늑해진다. 이런 시간에 걷는 이들은 늘 몇몇이나 되지만 서로 마주치지 않으려 엇갈리는 길을 택하곤 한다. 혼자만의 정적과 생각과 호흡을 누리는 이 호강스런 시간에 가끔 누가 인사라도 하면 아쉽다. 서로 모른 체하는 것이 도와주는 것인데.

걸으면 생각이 떠오른다. 나는 발바닥이 머리인 모양이다. 걸으면 떠오르는 하루는 저절로 정리되어 어느새 엉뚱한 발상으로 이어지기도 한다. 이런 일이 좋아서도 걷고 싶다. 초등학교 6년을 산길 들길 물길을 새 다리보다 여린 두 다리로 왕복했다. 조갑지만 한 발로 걸어 다닌 덕분인지 지금도 어지간한 거리는 걷는 게 더 편하다.

젊었던 때는 로댕의 〈생각하는 사람〉에 심취한 적 있다. 그러나 지금은 로댕이 과연 천재 작가인가 의심이 들기도 한다. 그가 진정 천재였다면 혼자 걷는 사람을 창작했어야 할 듯. 임마누엘 칸트도 걷기 좋아했다고 읽었다. 그의 탁월한 업적이라는 《순수이성비판》은 정해진 시간 홀로의 산책 중에 구상되었을 게다. 걸으면서 얻은 발상에다, 걸으면 생각은 깊어지고 확장되고 다듬어져 드높아졌을 듯. 《종의 기원》을 쓴 찰스 다윈도 혼자만의 산책을 좋아했다고 읽었다. 그의 자연 선택설이 대륙에서 동떨어진 섬 마다가스카르 탐사에서 얻어졌는지는 모르지만, 적어도 단초는 그러했을지라도, 그의 학설이 깊어지고 확대되고 확인 재확인 거듭 재확인된 과정의 무수한 의심과 자문(自問)과 회의와 사고의 검증을 거쳐서, 어떤 자신감을 얻기까지는 그의 두 발은

두뇌 이상의 지대한 역할을 해 주었을 것만 같다.

걷자. 걷는 중에 얻은 소득이 많다. 큰 인물이 아니어서 너무 편하니 감사하고, 물려받은 게 없어서 관리하는 고생이 없어 행복하고 감사하다는 등등에다가, 엉뚱하게 얻는 발상(發想) 즉, 발[足]의 생각[想]으로 시도 몇 편 썼다. 낮에는 일해야 하니 밤에 걸어서 좋았다고. 다음의 〈발로 생각한다〉도 걷는 중 얻은 시상(詩想)이다.

지팡이와 발바닥으로 길을 읽으며 맹인이 지나간다
지팡이 없는 나는 티눈 발바닥으로 길을 읽고 걷는다
시력이 나빠지면서 발바닥에 티눈이 생기더니
티눈이 눈을, 발이 머리를 대신해 준다

다윈은 남반구를 탐사해서 '종의 기원'을 썼고
산책하는 칸트를 보고 동네 사람들은 시간을 알았다지
순수이성비판론도 자연 선택설도 발로 얻어졌다는데
턱 괴고 앉아 있는 '생각하는 사람'이 걸어야 하는 줄을 로댕만 몰랐다니

고난에도 면역이 생기면서 비굴이 불굴로 바뀌는 것도
땅속 마그마와 밤하늘의 별똥별이 상응하는 것도

걸어 봐야 알게 되지

산악 같은 사상도 풀 내음 같은 그리움도

두 발의 몫이라

발은 명사가 아니고 동사(動詞)란 말이지.

이렇게 걷는 중에 시 한 편의 초가 잡히기도 했으니 더 자주 걷자.

담쟁이 잎새에도 내려와 준 가을 하늘

도심의 정오는 폭염의 절정 같은데 건널목 신호를 기다리자니 풀벌레 소리가 들린다. 철강과 시멘트와 유리 벽 건물과 아스팔트뿐인 어디에서 풀벌레가 살고 있었나? 여름에는 안 들리던 풀벌레 소리가 문득 가을?! 섭리(攝理)로 들린다. 풀벌레 울음 한 옥타브에도 묻어오는 가을! 저절로 하늘을 쳐다보게 된다. 희뿌연 매연 너머 가을 하늘 한 자락이 있다. 보이는 게 아니라 느껴진다. 가로수 잎새들이 초록을 놓아 버리는지 짙푸르지 않다. 점심시간이라 직장인들이 몰려서 건널목을 건넌다. 치열하게 사는 이들! 누가 삶을 전쟁 치르기라 했던가?

돌아오니 담벼락을 기어오른 담쟁이 잎 몇 개가 불그레 물드는 중이다. 긴 잎자루 끝에서부터 붉음이 머뭇대고 있다. 가을이구나. 하늘로 눈을 드니, 우면산 마루를 넘어가는 양떼구름이 여기저기 흩어져 있다. 땅의 것들을 듣거나 보게 되면 왜 하늘을 쳐다보게 될까? 목숨이 하늘로 머리 둔 까닭인가? 사람과 수목들 모두가 하늘 향해 발돋움해서일까? 볕이 따가울수록 담쟁이 우거진 담벼락 어디서도 서로 다른 풀벌레 여린 소리들이 요란한 대낮이다. 수목과 사람 외에 풀벌레나 짐승들은 하늘로 머리 두지 않았다고 생각했는데. 모두가 하늘의 섭리를 이고 사는가.

붉어지고 있는 담쟁이 잎은 가장자리가 찢겨졌고 벌레 구멍도 패어 있다. 문득, 치열한,이라는 말이 다시 생각난다. 도심의 직장인들만이 아니라 담벼락을 오르는 담쟁이도 치열하게 살고 있었다. 핏빛으로 물들여지는 치열한 생존에 혼신을 다하는 가을 잎새들.

삶은 치열하다. 치열한 전쟁 치르기라는 말이 한층 더 새삼스러워진다. 누구의 한평생도 생존을 위한 치열한 전쟁 아닌가. 자기 자신과의 전쟁, 직업(직장)과의 전쟁, 가족 간의 전쟁, 신앙이라는 신과의 전쟁…. 치열한 전쟁을 거치고서야, 그 아내(남편) 그 자녀들 그 직장과 그 직업이야말로, 나 자신에게는 최선의 축복과 천부적 직업이라는 직업의식, 가족 의식이 생기지. 돌아서면 욕을 퍼부을망정 다른 어떤 집 가족이나 남의 직장과 다른 직업보다도 지금 여기의 이 가정, 이 직장의 이 일이 내게는 가장 알맞고 가장 소중하다고. 보이든 안 보이든 끝도 없는 전쟁을 치르게 되고, 자기 자신과의 전쟁으로 확대 확산된 생애 대전을 평생 동안 치르며 여기까지 오게 되었지. 이른바 불교에서 말한다는 지금 앉은 그 자리가 꽃자리라는 말을 실감하게 된다지.

그래서 도달하지. 직업(vocation)은 그 직업을 통해 부르시는(calling) 신의 소명(召命)이자, 스스로 알아차리고 부여한 사명(使命)이라고. 따라서 신의 부르심에 응답하듯, 그 가정 그 직장 그 직업에서 신앙처럼 최선을 다해야 한다고. 아내(남편)라는 엄마(아빠)라는 소명도 자식의 소명 또한 다르지 않다는 것에 도달하기까지, 얼마나 지루하고 끝없는 전쟁을 치열하게 치러 와야 하던가.

담쟁이는 뜰 안의 장미꽃이, 장미꽃은 담을 넘는 담쟁이가 얼마나 부러웠으랴. 아무리 소리쳐도 존재감이 나타나지 않는 풀벌레는, 매미와 노래하는 새들이나 나비와 잠자리가 얼마나 부러웠으랴. 가끔은 가정 사회, 직장(직업) 사회, 국가 사회 내에서의 치열한 전쟁과 신앙이 별개인 듯도 하지만, 결국에는 이들 크고 작은 여러 사회에서 일하기가 곧 나름대로의 신앙적 삶이며, 결국은 자기 자신과의 치열한 전쟁이라고도 깨닫는다.

가을은 중년으로 가는 계절, 그래서 가정이든 직장이든 깊어지는 중년 이후 세대와 열정의 젊은 세대가 함께하는가. 담쟁이 잎새 하나에도 폭염과 폭우와의 치열한 전쟁을 거쳐서 도달하는 가을 하늘이 어리어 있다. 하늘의 하늘은 땅의 하늘과 다르지 않다는 것을, 직장(직업)과 신앙이 다르지 않다는 것을, 그 또한 자신에 치열해지는 것과도 동일하다는 것을.

마산,
반어적 시작 기법 가르쳐 준 가고파 도시

내 고향 남쪽 바다, '가고파' 도시, 만날 고개, 가포 해수욕장, 월포동(月浦洞), 월영동(月影洞), 합포만, 돗섬, 무학산(舞鶴山)…. 이렇게 시적(詩的)인 이름을 많이 가진 도시가 마산 외에 또 있을까?, 하고. '만난 고개'가 아니라 '만날 고개'라는 미래적이고 소망스런 이름이 주는 놀라움으로, 마산이라는 말이 귓전을 스쳤거나 마산이라는 글자가 눈썹 끝을 건드렸을 때가 그런 때이다. 자동적이고 반사적인 감격부터 앞서곤 한다. 바로 그 도시에 내가 살았다는 것이 너무나 행복한 추억이 되기 때문이다.

나는 성장기에 임하댐 건설로 수몰된 고향 안동의 작은 산골을 떠나 여러 곳을 전전하며 살았는데, 유독 마산에서 살 때가 알뜰살뜰 기억된다. 감수성이 예민했고 시에 몰입되던 젊은 때였고 생애 첫 직장을 가졌던 도시였으니까 당연한 듯하지만, 그런 이유들로서만 설명될 수 없는, 마산만의 언어적 특성이 더 큰 이유가 된 것 같다.

아니, 마산은 오래전에 이미 우리 국민 가곡 〈내 고향 남쪽 바다〉의 '가고파' 도시가 되어서, 동네마다 고개마다 앞 · 뒷산 산마다 아름다운 시적인 지명이 가장 많을 수밖에 없는지도 모른다. 내가 살아 봤으니까 그렇다고 해도 하는 수 없다. 살아 보지 못했던 곳의 지명까지 어떻게 알 수가 있느냐 말이다.

서울에서 야간 준급행을 타면 새벽에 삼랑진에 내린다. 삼랑진역에서 몇 시간을 기다려 마산행을 갈아타면 늦은 아침에야 신마산역에 내린다. 삼랑진부터는 남도의 짙은 사투리가 기차 한 칸을 가득 메웠다. 나는 비릿한 갯 내음과 상긋한 흙 내음이, 한 번도 걸러지지 않은 그대로의 다소 우악스런 꺾음쇠의 목소리에 편안해지곤 했다. 왔구나! 다 왔어, 그러고는 혼자서도 배시시 웃어지곤 했다.

첫 직장은 신마산의 산비탈에 있었다. 교단 어디에서나 바다가 보였다. 앞이 타악 트이는 푸른 바다와 바다 가장자리를 둘러친 곡선의 산들은 바다를 품어 안고 마주 보는 듯했다. 집에서도 밥

상머리에 앉으면 바다가 보였지. 이런 호강은 어디서도 누려 본 적 없었고 이후에는 더욱 없었다. 나는 제일여중 · 고교 아래의 함흥집 뒷집의 뒷집에 살았다. 겨울에는 동백꽃이 피는 울타리의 집, 천리향이 진동하던 그 학교 교정에서 때 없이 들려오던 풍금 소리와, 〈별은 빛나고〉의 테너 목청은 누가 부르건 상관없이 황홀경에 빠지게 했었다.

갖가지의 싱싱한 생선 맛은 몰랐던 그때도 나는, '언제예?', '어데예?' 등등 마산 특유의 반어적 사투리가 바로 '시 쓰기의 기교'라고 횡재한 듯 울렁거렸지. 그러고는 세월이 한참이나 지나 기어이 《거짓말로 참말하기》라는 제목으로 시집을 묶었고, 이제는 반어법을 나의 시작 기법(詩作技法)으로 공언하게 되었으니, 아아, 마산! 가고파 도시 마산 덕분으로 나는 거짓말로 참말하는 시인이 되었을 것이라고.

잡초가
잡초를 뽑다가

쓰레기를 버리러 나갈 때마다 잔디밭의 잡초를 뽑곤 한다. 얼른 눈에 띄는 것부터 뽑다 보니 계속 뽑게 되었고, 뽑으면서 잡초란 뭘까? 무슨 기준으로 잡초로 몰아 버리나? 내 손에 뽑히는 것들은 얼마나 억울할까? 등등으로 생각하다가, 보기에 따라서는 나도 인간 잡초 아닐까? 문득 무서워졌다.

장미꽃밭의 민들레를 위해 시를 쓰기도 했던 내가, 값비싼 꽃들은 인간이 키우지만, 볼품없어 값도 없는 풀꽃은 하늘이 키운다고 찬사를 바쳤던 적도 있었는데. 누가 나를 잡초라고 없어져야 한다면 얼마나 억울하랴! 여기까지 생각하자 저절로 손길이

멈춰지기도 했다.

그럼에도 뽑아야 한다는 합리적 이유를 찾으며 눈길은 잡초를 찾았고 발길은 머뭇거려졌다. 공동 주택의 주민들은 집 안만 쓸고 다듬지 집 밖의 공동체 이익에는 관심이 적단 말이야. 어느새 속으로는 이웃들을 비난조차 하고 있는 자신에 놀라면서, 내 좋아하는 일에 대한 합리적 이유를 애써 찾곤 했다.

아니, 풀 냄새가 좋잖아, 흙냄새도 좋고. 그러나 모진 혹한을 견디고 살아 나와 한번 살아 보겠다는 어린 생명들을, 이렇듯 야들야들 귀엽고 사랑스러운 생명들을, 잡초라고 뽑아 죽여 버리는 것이 과연 온당한가? 저들도 한번 활짝 꽃 피워 살아 볼 권리가 있지. 조금만 참아 줄까? 풀꽃 구경도 얼마나 좋아. 넌 본래 촌뜨기잖아. 잡초밭에서 잡초처럼 자랐잖아. 끼리끼리가 이럴 순 없지. 잡초들이 쳐다보며 하소연하고 애원하는 듯도 했지.

아니야. 수없이 들고 나는 주민들과 경비도 못 본 채, 오로지 정원 관리 업체에게만 맡기다니 너무하잖아. 지나다닐 때마다 바쁘지 않으면 들고 날 때마다 한 줌씩만 뽑아도 제초제 좀 덜 쓰게 되잖아. 이런 불만에 속으로는 험담도 하다가, 그래그래, 내가 뽑아 버리는 만큼 맹독성 제초제를 덜 치게 되지. 제초제 친다고 창문 닫으라는 예고 방송도 없이 외출한 사이에 발암성 제초제를 마구 뿌려 댔다고, 용역 업체와 주민들의 언쟁도 벌어지곤 했잖아. 내가 뽑는 만치 주민 모두에게 좋은 거야. 아니 그 이상이야. 잡초에 씨앗이 맺혀 바람 따라 날아가 더 번식하기 전에 뽑는 게, 많은 이들에게 더 도움 된다… 등등의 온갖 이유를 생각해 내곤 했다.

가족들은 질색하며 훈장티 낸다고, 이웃들이 흉본다며 나무랐지만, 볼 테면 흉보라고 해! 이런 배짱까지 생기곤 한다. 그러나 어제 오후에 뽑았는데 밤사이 잡초는 더 가득했다. 뽑을수록 한도 끝도 없었다. 어떤 자리에서 농촌이 제초제를 남용한다고 비난하자, 노령화된 농촌에서 살아 보라고!? 뽑고 돌아서면 비웃듯이 더 시퍼렇게 웃자라는 잡초는, 잡풀이 아니라 살기 어린 적개심으로 협박하는 듯, 농촌 노인들께는 공포감조차 느끼게 한다나.

은퇴 후 낙향한 분들의 고충담도 떠올랐다. 손바닥만 한 정원과 채마밭에서, 매일 하는 짓이란 가히 사생결단식으로 벌이는 잡초와의 전쟁이라고 했지. 어디서 날아왔는지 한구석을 뽑고 나면, 금방 다른 구석에서는 협박하듯이 더 무성해지기 때문에, 차라리 겨울이 낫다던 얘기 등등 그렇게 탈진하게 만드는 잡초라서 맹독성 발암성인 줄 알면서도 어쩔 수 없이 제초제에 의지하지 않을 수 없다 했지.

아직도 봄인데 씨앗까지 맺힌 잡초를 뽑다가 들어왔다. 장갑 끼고 본격적으로 시작하는 짓이 아니라, 매번 쓰레기 버리러 나갔다가 즉흥적으로 뽑게 되니, 맨손일 수밖에 없는 손은 엉망이 되곤 한다. 키 작은 나뭇가지 틈에 숨어서 자라는 풀포기에는 손이 닿지 않아, 팔과 손등이 긁히고 찔리고 가시 박혀 밤에는 쑤시기도 했다.

잔디 아닌 것들, 정원 관리사가 심어 키우지 않는 모든 것들, 제비꽃, 냉이, 꽃다지 민들레, 무릇 돈나물…. 이름을 기억하는 것은 물론, 이름도 모르는 예쁘고 귀여운 것들을 잡초라고 싸잡아 매도하여 뿌리째로 뽑아낸다. 잡초라고 매도당할수록 끈질기고 저항적인 생명력은, 너무 위대하여 뽑히기를 거부하느라 잎이나 줄기가 뜯기고 만다.

뽑아내려 할수록 저항하는 잡초의 끈질긴 힘이 가히 위대하다고 절감하다가도, 우리 삶에도 이런 잡초들이 얼마나 많을까! 사는 중에 수시로 힘들 때마다 생기는 회의나 의심이라는 잡초는 이렇듯 강인하고 저항적일 뿐만 아니라, 호시탐탐 기회만 노리다가 덮치는 게 아닐까?

별 감동 없이 반복되는 습관이 되어 버린 신앙생활 중에, 회의나 의심이라는 잡초는 어디 숨었다가 사방팔방에서 시도 때도 없이 날아와 싹트고 꽃 피우고 열매 맺곤 하지. 나를 신자로 아는 이들에게까지 무심히 내뱉는 나의 비신앙적 한마디와 표정과 행동도, 반신앙을 싹 틔우고 꽃 피워 수십 수백 배의 씨앗을 맺어 퍼지게 하진 않았을까?

우산을 잃고

우산을 잃고 걸으니
모처럼 비 맞고 걷는 운치도 괜찮네
나보다 더 절박한 누구였겠지
과분하다 싶더니, 선물 준 분한테 미안하네
감기 또 걸려 폐렴 되면 그땐 정말 위험하다 했지
낭만적? 문학적이다가
갸륵적? 종교적이다가
자조적? 심리학적이다가
공포적? 의학적? 철학적이다가

주차장이 된 길 택시 안에서

결국 경제학적? 지갑적이 되네.

기상청은 장마철이라는데, 비가 안 오는 날이 더 많은 요즘에는, 우산(雨傘)이라는 필수품이면서도 아닌 존재가 사람 기분을 우롱한다. 아무리 기상청 예보가 정확하다 해도 하느님 뜻까지는 미치지 못해서, 우산 갖고 나갔다가 빈손으로 택시 잡느라 팔뚝 춤을 추게 되기도 한다. 생각해 보면 누구나 우산에 얽힌 일화는 몇 개쯤 경험하며 산다. 제목을 〈지갑적?〉이라고 코믹한 제목 붙인 위의 소품도 그런 일화 중 하나다.

나는 늘 우산을 가방 속에 넣고 다닌다. 마른날은 양산으로 쓰고 비 오면 우산으로 쓰는 겸용이다. 그러나 비에 젖으면 가방 속에 넣을 수 없어 곧잘 잃어버리곤 한다. 내가 정신 놓고 안 가져오기도 하지만 누군가가 먼저 집어 가기도 한다. 남의 책을 집어 가도 별 죄의식 없고 놓아두고 와도 과히 아깝지 않은 것이, 책에 대한 일반적 인식과도 흡사하다는 이들이 많다. 그러나 책도 우산도 너무나 귀하던 시절에 자란 나는 동의하지 않는다.

최근 10여 년간에는 양산이든 우산이든 내가 사 본 적이 드물었다. 학위 논문 지도비가 수십 년간 동결되어서, 논문이 통과된 학생들이 너무 미안하다고 사다 준 것이 삼중 접기의 양산이자 우산 겸용이라 가방 속에 넣고 다닐 수 있었고, 또 내가 사기에는 과분한 고급이기도 했었다. 따라서 수년간 정붙여 갖고 다닌 것을 우산꽂이에 꽂아 두었다가 누군가 먼저 집어 가 버린 날에 쓴 것이 이 소품이었다.

얼마 전까지지도, 노랑 우산 빨강 우산 찢어진 우산/ 좁다란 학교 길에 우산 세 개가 이마를 마주 대고 걸어갑니다,라는 동요가 생각나는 우산들은, 너무도 빨리 진화(?)해서 결혼식 하객들에게 주는 답례품이 되기도 했었는데. 아무튼 우산! 하면 검정 곤색 밤색 등의 짙은 단색이 위주였다가,. 피자 조각 같은 조각마다 다른 색상에다가, 알록달록 문양과 색상이 조각마다 달라서 마치 조각보처럼 미적 감각을 느끼게도 만들어졌다. 고운 외제 우산을 쓰고 유치원 갔던 여아가 납치되는 사건도 생기면서, 우산까지 외제냐?는 비난과 함께 우산은 액세서리로 멋 부리기 소지품으로 진화되었다가, 일회용 비닐우산이 생기면서 부러진 우산 고치라는 골목의 외침도 사라져 버렸다.

내 기억 속 우산은, 시골 마을의 어르신 한두 분 정도나 갠 날에도 지팡이처럼 짚고 다니는 검정색이었고, 절대다수의 주민들은 들기름 먹인 접는 종이우산이나, 아예 접을 수 없는 차양이 큰 모자로 된 삿갓을 쓰고 다녔다. 삿갓 하면 김삿갓이라는 방랑 시인 김병연을 떠올리게 된 것도, 그의 별명과 그의 시구를 듣고 자란 아이 적 추억 때문이기도 하리라. 그때는 삿갓이든 접을 수 있는 종이우산이든 다 귀했다. 접을 수가 없는 삿갓은 마른날 보관이 거추장스러워 더욱 그랬으리라. 논밭일 하는 농민 대다수는 밀짚이나 보릿짚을 엮어 만든 도롱이를 어깨에 걸치고 일했고, 날이 개어 나무 그늘에서 새참을 먹을 때는 삿갓배미에도 모를 심고 논을 매어야 한다고들 했다. 나는 늘 그 삿갓배미라는 말을 자주 들으면서도 무슨 뜻인지 궁금했는데, 산골 마을이라 삿갓배미 논이 유난히 많아서 자주 들었을 게다.

당시의 얘기들은 유래가 대개 전설적이어서, 자수성가한 몇 대 머슴의 일화가 입에서 입으로 옮겨지며 더욱 각색 윤색되었으리라. 한 머슴이 3~4대를 남의 집 대물림 머슴질만 해 온 가난에서 벗어나려고, 안 먹고 안 입고 안 자고 안 놀고 죽어라고 일만 해서, 드디어 살림 밑천이 되는 논을 사게 되었다. 너무 좋아서 잠을 잘 수가 없었다. 부슬부슬 비가 내리는 신새벽 녘이었지만, 드디어 이룬 재산인 논이 보고 싶어 삿갓을 쓰고 산골짜기로 들어가 막다른 골짜기의 자기의 논을 두 눈으로 재확인하려는데, 희뿌옇게 동이 텄고 빗발도 그쳤다. 삿갓을 벗고 두 눈을 거듭 씻고 자기 논을 확인했는데 이게 웬일인가? 분명 골짝 논 네 뙈기를 샀는데 세 뙈기만 뵈지 않는가? 속았구나 무식하다고 날 속였구나. 분노를 못 참은 그는, 논을 판 사람의 집으로 달려가려고 허둥지둥 내려가는데 다시 빗방울이 떨어지지 않는가. 그제야 벗어 둔 삿갓 생각이 나서 다시 돌아가 삿갓을 집어 썼더니, 삿갓 밑에 손바닥만 한 논바닥 한 뙈기가 나타나지 않는가. 그래서 모두 네 뙈기의 논이었다고, 그때부터 산골짝의 손바닥만 한 논을 삿갓배미라고 했다나.

호랑이 담배 피우던 시절의 이런 얘기를 듣고 자랐는데 삿갓이란 말조차도 사라져 버렸다니. 암튼 나는 삿갓 쓰고 비 오는 날 초등학교를 오가기도 했는데, 고급 양산 겸 우산을 잃어버리고 택시 타고 보니 미터기 요금 올라가는 숫자만 보였다. 주차장이 된 네거리에서 신호는 몇 번이나 바뀌어도, 움직이지 못하는 택시의 기사님은 올라가는 요금에는 상관없다고 느긋하게 하품질만 한다.

불빛,
하늘과 땅과 사람의 조응 예술

허둥지둥 살지 않는 누가 있으랴마는 밤중에야 겨우 걷기도 한다. 걷다가 아파트 밖으로 나가기도 한다. 다가구인지 다세대인지 창마다 불빛의 다름이 보인다. 불빛은 어느새 동화 같던 아이적으로 생각을 이끌어 간다. 나만의 재산이란 결국 자라 온 경험뿐인가.

라디오도 없던 원시 시대 적의 아이들은 저녁밥을 먹으면 약속이나 한 듯 뚝방에 모였고 씨족 마을 일가 친족끼리였으니 소문도 적었다. 우리는 어느새 하늘에 돋아나는 별을 보며, 별에 얽힌 별의별 얘기를 나눴다. 삼태나 태성이 칠성이는 어머니나 할머니가 삼태성(三台星)과 북두칠성에 치성(致誠) 바쳐 태어났다고 우쭐대며, 아직도 몸에 점이 세 개나 일곱 개가 있다며, 자랑인 양 어둠 속에서도 등때기나 가슴을 보여 주곤 했다. 아직도 어느 새댁은 아들 점지를 비느라고, 첫새벽 우물물을 길어다 장독대에 올려놓고 비손한다는 소문을, 골백번도 더 듣다가 마을의 불빛으로 얘기는 저절로 옮겨지곤 했다.

불빛으로도 어느 집인지를 알아맞혔고, 불빛의 위치로 공붓벌레인 어느 아재나 오빠의 방인지도 알아맞히곤 했으니, 친척 이웃 사이라서 당연했는데도 그때는 그런 아이가 대단해 보였다. 또 불빛으로 상어 기름불인지 석유 호롱불인지 황초불인지 남포등(램프)인지도 맞히곤 했다. 불빛 얘기 때는 별빛 얘기 때보다 다들 더 신이 나서 목소리도 옥타브도 절로 높아졌다. 마을의 불빛 위치도, 집집마다 지어진 배산임수(背山臨水)라는 위치와 남향이니 동향이니의 방위에 따라 달랐다. 앞뒤 좌우상하로 줄 서거나 어깨동무하여 가물거리기도 했다.

또한 물 건너 먼 마을 밖의 수박등은 주막집이었고, 묵뫼(자손이 끊어진 무덤)의 귀신 불빛, 산짐승 특히 호랑이 눈의 덩어리 불빛과, 외따로 혼자 사는 타성(他姓) 노인의 외딴집 불빛을 거쳐서, 대낮에도 어두운 강변 숲과 건널목 섶다리의 불빛까지 간다. 그 섶다리는 주로 잘사는 몇 집이 해마다 순번제로 겨울철 얼음 냇물을 맨발로 건너지 않도록 자선 차원에서, 동네 사람들과 낯선 이들이 맨발로 냇물을 건너지 않도록 손수 만들었는데, 사람들이 섶다리를 건널 때마다 고마움을 품으면 그것이 하늘의 옥황상제께 상달되어, 섶다리 놓아준 집의 병자 치병이나 자식 점지 또는 합격과 승진 등등의 소원이 이뤄진다고 민속 신앙적으로 해석되었다. 생솔가지를 얼키설키 걸친 그 섶다리께는 가끔 번쩍거리는 푸른 불빛 얼찐거려, 기가 약한 사람을 골탕 먹이는 도깨비불이라고. 이런 얘기는 전설이 되었다. 하늘과 땅과 인간의 조응(照應)이자 공동체 의식이 되어 서로가 인정스럽게 되고, 실제적인 신앙 이상도 되어서 윤리 도덕에 앞선 생활이게 해 주었지.

지금 생각해 봐도 시골 마을의 별빛과 불빛은 자연의 설치 미술이었다. 특히 울퉁불퉁 지형대로 지어진 집집은 불빛도 앞뒤 상하좌우로 깜빡거렸다. 밤 깊도록 오일장 가서 안 돌아오는 가장을 마중하느라, 이웃들과 함께 횃불을 만들어 들고 마을 밖까지 마중 나가곤 했는데 좋은 구경거리였다. 우리는 귀동냥한 온갖 얘기로 떠들다가 아무개야! 부르는 식구들 목소리로 집에 돌아가곤 했으니, 불빛은 기다림의 신호였고 식구들이 다 귀가한 집은 불이 꺼졌다.

지금도 귀가가 늦은 가장이나 수험생 자녀를 기다리는 아내와 엄마는 전등불을 켜 놓고 기다리고 있을 게다. 불 밝혀 기다리는 가족이 있어 가정이란 얼마나 따스하고 포근한가. 가족들이 다 돌아온 집은 전등 꺼진 집이다. 혼자 사는 이의 집도 기다림의 신호인 불이 꺼진 집이다. 제 손으로 열쇠 따고 들어가 제 손으로 전등을 켜는 혼족 일인 가족이 쓸쓸해지는 까닭도, 이 하찮은 불빛 한 점에서 비롯되지 않을까?! 나는 지난 2년간 남편이 살아 돌아올 것만 같아, 밤새도록 현관과 거실 등을 켜 놓았다가 최근에야 끌 수 있었다.

9년 뒤에
웁니다

돌아가신 지 20년째인가. 어머니 선종 뒤 딱 2년쯤 되었을 5월 30일에 돌아가셨으니까, 어머니 제삿날이 양력으로 6월 4일이니, 늘 아버지 제사를 먼저 치르고 돌아서서 어머니 제사 준비를 했지. 아무리 추모식으로 해도 직장에 매였고 짬짬이 논문 쓰고 특강이라도 다녀야 하는 내게는 참으로 몸도 마음도 좋을 수 없는 행사였으니까. 지난 20년 동안 제사는 지냈지만, 제사 든 달도 아닌데 지난해부터 너무 자주 생각나는 아버지다.

아버지와의 화해가 고민되어 그런지도 모른다. 꿈에서조차도 안 보이시는 분을 이제 와서 무슨 화해가 필요하다고. 내가 늙고 있는 증거일까? 그렇게 당신 인생의 후반을 망쳐 버린 말로가 너무 아깝고 너무 속상하고 가엾다. 그렇게도 가혹한 대가를 불사하고 새 가정을 꾸미셨으니 잘 사셔야 할 의무와 책임이 있지 않나? 그렇게 요란 떨고 집안 망친 대가로 얻었으니, 그 애들도 버젓해야 하지 않겠나? 대들고 따지고 책임 추궁하고 싶었는데. 제사에는커녕 초상에도 오지 않던 그녀가 생각나, 분노와 증오뿐이던 아버지에 대한 기억을, 아니 아저씨라고 부르고 싶었던 증오는 어디 갔을까?

아니다. 좋은 추억이 더 많았다고, 그래도 우리 아버지셨으니까. 우리를 얼마나 사랑하셨고 자랑스러워하셨나 말이다. 아버지도 남자였다는 사실에 맞춰, 아버지 편에서 진정으로 이해해 드리고 싶기도 하고. 내가 아들이었다면 같은 남자로서 아버지를 더 많이 더 깊이 이해해 드릴 수 있지 않았을까? 아버지도 너무 고통스러웠을 테고 고독했을 거라고, 그래서 더 죄송스러워지고. 아무튼 혈육이란 너무 아프고 아파, 뒤범벅의 애증으로 고개 저어 가며 잊음과 기억의 반복으로 살고 싶진 않아서일까? 나를 위해서 내 아버지를 위해서 우리 모두를 위해서 사후 화해라는 무엇이 필요하다는 생각이 드나? 제삿날 외에는 연미사도 신청하지 않았는데. 아버지-어머니 세대로는 유일하게 생존해 계시는 숙모의 위로에도 늘 켕기고 아파진다. 너 할 도리는 다했다, 괴로워 마

라. 아들이라 해도 더 잘했겠냐? 너의 10분의 1만큼이라도 했겠냐? 하는 그 몇 마디로 위로와 화해가 될 순 없지 않지. 부모-자식 간에 어떻게 도리만 있겠나.

이는 내가 내 자식들을 낳아 키우면서, 부모-자식 사이는 서로에게 무한 책임제라고 생각하게 되면서 더 그런지도 모른다. 아니다, 내가 우리 부모님인 하느님과, 자식인 나 사이에 의무나 도리만으로는 충분하진 않다는 생각에 이르면서 더욱 그런지도 모른다. 부모이신 하느님의 무한 용서와 무한 자애가, 부모로서 내 아이들에도 마찬가지라는 걸 체험하면서 비로소 절감하게 된 걸까.

절하느라고 엎드렸는데 들렸다
몇 년 되었지?
일어나며 속셈하는데 갑자기 눈물이 쏟아졌다
하늘을 찔렀을 증오가 하늘처럼 무너졌다
손바닥이라도 찔리고 싶어 봉분(封墳)을 쓸어 보는데
상석 비문이 눈길을 피한다
비바람 깎던 돌에도, 눈바람 식히던 돌에도
틈새를 만든 세월이 끼여 있었다
어쩌리 등 돌렸던 등을 다시 등 돌릴 수밖에
가슴이 통째로 아버지 아버지 메아리친다

아저씨라고 못 불러 가슴 치던 주먹도

벌건 손바닥으로 어이없다는 듯 쳐다본다

무너진 하늘을 밟고 내려오느라고

발목이 자꾸 접혔다

오지 마라 다시는, 바람 소리? 목소리?

〈9년 뒤에 웁니다〉라는 이 한 편이 써졌지만, 사실은 19년 뒤에 혼신이 참회덩어리가 되었다. 저절로 어금니가 물려지던 아버지, 그렇게도 믿음이 좋고 매사에 범생 중의 최고셨던 분. 그래서 우리 가족을 하느님께로 이끄셨던 아버지가, 아들로 가문을 이어야 한다는 당신의 의무를 위해서, 할아버지 외에는 아무도 권고하지 않았던 그 의무로 하여 그렇게 되시다니. 허긴 그렇게 해서 잘되실 리 없지. 그렇다면 하느님이 안 계시는 거지.

진사댁이 고작인 우리 집이 무슨 왕후장상의 명가라고? 왜 꼭 아들이 있어야 했는가? 양자도 입양도 가능했고 얻은 애를 엄마가 키운다고 했을 때 그 소원을 따랐더라면 이 지경은 아닐 수 있었는데. 낳기보다 키우기가 더 힘든 게 자식인 줄 모르셨을 리 없지. 골수까지 유교인 문중에서 성장하셨고 게다가 철저한 개신교 신자셨으니까.

묵상하려고 눈 감으면 지난 세월 중 가장 모질게 아팠던 아버지라서 더 아파 온다. 어찌 나뿐이랴. 막내도 둘째도 다 아버지 덕분(?) 아닌가. 아버지 떠난 자리를 하느님 아버지가 대신하여 장학금으로 우리 모두를 외국 유학까지. 이렇게 잘 살게 해 주셨으니. 그럼에도 어머니에게는 전혀 위로가 되지 못했을 듯.

우리가 아무리 세속적으로 잘되었다 쳐도, 배신감과 가엾음과 고통으로 갚아질 순 없어, 어머니는 늘 서러웠고 외로웠고 아파하셨지. 외숙들과 친척들이 한집에 박사 교수들이 사위들까지… 누님 혼자 독차지했다고 치하해도, 그렇게 기도하시더니 얼마나 큰 보람이냐고, 어머니의 인생은 놀라운 성공에 멋진 복수라고, 아무리 칭찬해도 위로도 도움이 못 되었음을 나는 너무 잘 알았으니까.

아버지 덕(?)이라고 우기시던 친척 어른들도 모두 작고하셨다. 그래 아버지 덕이지. 하느님 아버지라는 완벽하신 아버지가 채워 돌봐 주셨지. 그럼에도 왜 자꾸 아프게만 괴롭게만 떠오르는 아버지인가. 분명 하느님 아버지 덕분이었는데, 왜 자꾸 하느님 아버지께 죄송스러워지지. 보이는 제 부모를 사랑하지 않으면서 안 보이는 하느님을 사랑한다는 말이 얼마나 거짓인가. 오늘 묵상도 너무 아프고 너무 괴롭고 죄송할 뿐, 묵상이 아니라 망상뿐이었던가.

시 쓰는
가을 잡초

이제는 사랑도 추억이 되는구나
꽃 내음보다는 마른풀이 향기롭고
함께 걷던 길도 홀로 걷고 싶어라
침묵으로 말하며 눈 감은 채
고즈너기 그려 보고 싶어라
어둠이 땅속까지 적시기를 기다려
비로소 등불 하나 켜 놓고 싶어라
서 있는 이들은 앉아야 할 때
앉아서 두 손 안에 얼굴 묻고 싶은 때

두 귀만 동굴처럼 길게 열리거라.

오래전에 썼던 소품 〈가을〉이다. 가을은 시 읽는 계절인가? 누구나 시인 되는 계절인가? 모든 계절이 서로 다른 특징으로, 서로를 대신할 수 없는 아름다움과 소중함을 가졌지만 유독 가을에는 더 유정해지는 듯. 지난여름이 너무 더워서 그런가? 가을도 되기 전에 가을 특집 한다고 늦여름부터 가을 시를 주문해 왔다. 물론 오래전에 썼던 구작에서 뽑아 주었지만 보내고 나니 가을은 성큼 다가와 있었다.

운동 삼아 걷는 아파트 뜰에서 코스모스도 과꽃도 가을보다 먼저 와 피었다가 정작 가을이 되자 다 시들어 버렸다. 가을보다 먼저 찾아왔던 내 감성도 가을이 되자마자 떠나가 버린 듯하다.

가을을 맞으러 굳이 여행을 떠나거나 교외로 나가야 할 필요도 이유도 없고, 그런 한가로움이 가능한 일상도 못 된다. 보통 시민들처럼 나도 건강하자고 동네를 어슬렁거리다가, 문득 눈길 가는 풀밭에서 아주까리 열매가 익어 가는 모습, 강아지풀 이삭이 일렁이는 모습, 저절로 태어나 자란 잡초가 지친 듯이 널브러지고, 그 품 안에서도 늦게 피는 작은 막내 꽃송이 몇 개를 발견하면, 늦둥이 낳은 엄마들과 엄마 품을 파고드는 막내의 모습 같아 측은한 미소가 피어난다.

잡초라고 해서 뭣이 다르랴. 삶의 주기 그 순환의 과정은 같은 걸. 어느 날은 시내로 들어가는 버스 안에서 창밖으로 보이는 중앙 분리대의, 그 좁다란 땅에 함부로 쓸리는 강아지풀과 어우러진 잡초에 눈길이 닿았다. 누렇게 탈색되어 가는, 히허옇게 변색되어 가는 잡초밭도 저렇게 우아하고 아름답다니. 흔히 볼 수 있는 키워진 꽃이 아니어서 더 자연스런, 평범하면서도 결코 평범하지 않은 모습이었다. 소음과 매연 속에 쉴 새 없이 지나다니는 차량의 바람에 함부로 쓸리는 모습이 더 측은해서 더 아름답게 느껴진 것은, 아픈 몸 탓인가 아픈 나이 탓인가 가을 탓인가? 문득 몇 편의 가을 시가 떠올랐다.

아니다. 가을에는 잡초도 시를 쓴다? 아니 저런 중앙 분리대에서, 차량 바람에 온몸이 흔들리고 쓸리는 잡초들이 곧 한 편의 시가 아닌가? 거리의 매연에 시달려도 하고 싶은 것은 한다는 도시가, 휴지 조각에 메모된 시편 몇 줄 같다. 지나가는 계절 가을이 쓴 시편이고, 비록 도시라도 자연은 자연이라고, 쪽지 글로 쓴 것이지. 시달리며 달려야 하는 시내버스가 쓰는 시편이지. 잡초들 자신이 온몸으로 쓰는 시편이지. (일하느라) 진종일 서 있어야 했던 이들도, (퇴근하듯) 마음을 앉히며 어둠에 젖는 시간, 마음속에 등불 켜지는 시간, 입은 닫히고 침묵이 더 깊고 따뜻한 말을 대신해 주는 시간, 말 한마디도 가슴에 색다르게 담기면 그게 바로 시 아니고 무엇이랴.

2부

오늘 한 시간은
내일 종일보다 더

세상에서 너 소유한 모든 것 중
가장 귀중한 것은 '오늘'이니
너의 구원자 오늘은 어제와 내일이라는
두 도적 사이에서 자주 십자가에 달리운다
기쁨은 오직 오늘의 것
어제나 내일이 아닌 다만 '오늘'
너는 행복할 수 있으리니

우리네 슬픔의 대부분은 어제의 잔재이거나

내일에서 빌려 온 것일 뿐
너의 오늘을 고스란히 간직하라
어느 음식, 너의 일, 너의 여가를 향유하라
하느님께서 오늘을 너에게 주셨다
모든 어제는 거두어 가셨고
모든 내일은 아직 그분의 손안에 있도다

오늘은 너의 것이니
거기서 기쁨을 취하여 행복을 누리고
거기서 고통을 취하여 사람이 되어라
오늘은 너의 것이니 하루가 끝날 때
"나 오늘을 살았고, 오늘을 사랑했노라"고
말할 수 있게 하라.

– 작자 미상

우리 본당 조정래 시몬 신부님의 은경축일 미사에서, 이 글이 적힌 작은 카드를 받고 감동하여 소개했다. 영어로 현재라는 뜻을 가진 단어 present는 선물을 뜻하기도 하지. 지금 여기 즉 현재인 오늘은 모든 이들의 생애 중 가장 확실한 내 것이어서, 가장 소중한 금이요 선물인데도, 나는 늘 내일 내일 하며 미룬다. 또 생각만 하고 행동은 미루곤 한다. 내일은 신의 소관일 뿐, 주어질지 아닐지도 모른다. 그래서 중요할수록 오늘 당장 해야 하는데도, 내일로 미루거나 오늘은 놀고 내일부터, 늘 이렇게 살고 있다. 오늘 한 시간이 내일의 하루 종일보다 더 가치 있고 내년 1년보다 더 확실하다는데도 말이다.

나는 후회만 잘한다. 잘못 살았던 어제의 그늘을 오늘로 끌어당겨 오늘을 통째 망치곤 한다. 어제가 후회되면 오늘은 제대로 살아야 하는데도. 흙수저, 무수저,라는 핑계와 탄식이 일쑤다. 고아 의식 야생 의식보다 큰 재산도 없다는데도 말이다. 거듭된 실패에도 제 힘으로 살아나야 한다는 절박함 외에는 기댈 아무것도 없다는 위기의식이야말로, 신이 주신 최대 소명과 최상의 기회가 아니었나 말이다. 이른바 바닥 체험이라는 절망의 순간 일어서게 되는, 그래서 자수성가를 찬양하는 까닭 아닐까. 위인들의 95% 이상이 하층 신분 출신이라, 고아 의식이나 야생 의식으로, 거듭되는 실패의 순간마다 바로 오늘을 살았다지 않던가.

오늘은 내일과 같은 뜻으로 사용되지. 오늘 없는 내일이 없어, 영어 문장의 시제(時制)는 현재형을 미래형으로도 사용하고 해석하지. 공부도 일도 미소도 봉사도 사랑도 사과도 용서도 지금 당장 오늘 실행할 것. 오늘 지금 여기 내게 주어진 이 장소 이 시간이 악조건 이 기회가 최후인 듯 최선을 다할 것. 생각만 하는 사람은 오늘을 놓치기 쉽다지. 그래서 공자도 세 번 생각하고 할까?를 묻는 제자에게 두 번이면 충분하다고 했으리. 쇠뿔도 단김에 빼라는 속담도, 무수한 사람들의 무수한 체험과 지혜에서 뽑혀진 한마디 아닐까? 생각만 하고 미루기 선수인 내가 나에게 다시 일러 주는 말일 게다.

함께 걸었는데,
혼자 걷는다

좀 늦게 나가면 한결 한갓지다. 귀가 차량들도 거의 들어와 있고, 산책하는 이들도 적어져 더 호젓하다. 아파트의 장점은 뜨락이 넓다는 것. 무엇이나 장점부터 생각하고 누리며 행복해지고 싶다.

밤에는 하늘을 쳐다보게 된다. 사방이 어둡고 흐려서 저절로 하늘을 보게 된다. 사방팔방이 막혀도 열린 쪽은 하늘이구나. 하늘은 언제나 열려 있는 신(神)의 사방이구나. 유대인들에게 숫자 4는 완전함이라니 알 듯도 하다. 별이 안 보이는 서울의 밤하늘에도 달이 떠 준다는 건 축복이지. 흐리지만 쪽달이 갸우뚱 떠 있다. 달과 별을 보고 얘기하는 촌뜨기 만나 밤하늘도 쳐다볼 줄 알게 되었다고 중얼댔지. 은퇴하니 서로 시간 여유를 갖게 되어 좋다고. 병 덕분에 시간 여유가 생기니 병에게 고맙다고도 했지.

아득한 고대부터, 달이란 말은 우아한 아씨 같은 여성 상징어였대. 이 달이 강음화되어 딸이 되었다나. 마치 요즘 학생들이 과방을 꽈방이라고 하는 것처럼 말야. 박상만인가 이만규인가의 《조선 교육사》(상 · 하) 어디에 그렇게 나오던데!? 내 말을 받아, 그 책은 본래 내 거잖아. 헌책방에서 샀던 건데, 읽은 지 아득해서 그런가! 기억에 없다고 하면, 나는 더 신이 나서, 아들도 본래는 달이 아니라고 안달이라 부르다가 아들로 변음된 거라는 내용도 있었다고 떠들며 웃었지.

외등 불빛에 감 알과 모과 알이 뚜렷하다. 모든 열매는 왜 둥글까? 신은 둥글기를 더 바라시나 봐. 신의 선은 곡선이나 인간의 선은 직선이라면서, 평생 곡선 건물만 건축했던 안토니 가우디도 얘기했지. 선생 평생으로 말이 너무 많다고 나무랐지만. 그래도 나는 주절거렸지. 그의 재능을 알아본 구엘 백작이 무명의 가난한 그에게 주는 땅에 곡선 건물만 지었다는 안토니 가우디. 그의 성가족 성당과, 구엘 공원과 구엘 저택 등등, 그를 팔아서 부를 누리는 바르셀로나에 다시 함께 가 보자고, 안토니 가우디 덕에 부자 된 바르셀로나의 카탈루냐 주정부는 스페인으로부터의 독립을 계속 주장하기도 한다니까. 그 천재는, 아니 그 바보는, 건축 학교에 다닌 것이 학력의 전부였다지. 건축 학교 때도 성적이 너무 나빠서, 회의를 거듭한 끝에 졸업시켜 주기로 결정했을 정도였고. 졸업식장에서 졸업장을 주는 교장이, 우리가 천재에게 졸업장을 주는지 바보에게 주는지 모르겠다,는 말까지 덧붙였다고 알려진 안토니 가우디. 그는 세계 곳곳에서 아무리 좋은 대접을 조건으로 요청해도, 내 작품은 내 고향 바르셀로나에서만 볼 수 있다고 거절했다지.

둥근 곡선! 우리는 얼마나 날을 세워 모나게 살아왔는가. 사랑은 모든 허물을 덮어 준다는, 그 사랑 이외의 어떤 정의와 진리도 영원한 것들이 아닌 줄을 왜 몰랐을까. 후회된다고 하면서도, 수도원에 붙어 있다는, 죽음을 기억하라, 하는 그 말은 차마 내뱉지 못했지. 함께 걸으면서 나눈 얘기들이 시시콜콜 생각난다.

소천(召天)이고 선종(善終)이기에, 오로지 신의 소관임을 깨달으면 겸손하고 경건해지지 않을 수 없어야 할 터인데도, 아직 10년 더 살아도 되는데…. 수술만 안 했더라면 2, 3년 아니 5년은 더 살 수 있었는데…. 히즈키야 왕의 눈물 기도를 보신 야훼 하느님은 15년을 더 살게 해 주셨다던데. 신의 뜻에 맡기고 담담히 받아들이자고 왜 적극 강요하지 못했던가! 내일은 절두산 부활의 집을 찾아야지. 둘이 걸었는데 혼자 걷는다. 아프다! 너무너무 아프다.

검정색 철학과
지는 게 이기는 것

지는 게 이기는 거다, 안 지면 못 이긴데이. 유약(柔弱)이 승강강(勝强剛)이라고 안 캤나. 어미란 꺼멍색이지러. 어미의 검정 치마폭은, 온갖 잘못, 분한 것, 억울한 것, 부끄러운 것, 굴욕과 수모, 치욕과 설욕의 다짐 등등을 다 받아 주지러. 어미한테 못 할 말 어딨노. 그래그래, 내 무릎에 엎드려 한숨 자고 보자. 그러믄 지절로 지절로 암것도 아닌 게 돼 버리지러. 지 혼자 피식 웃어진데이….

이렇게 어머니는 어록집 자체였다. 이 많은 어록들이 모두 어머니의 철학이었다.

또 어머니는 우리말의 달인이었다. 절묘 오묘 기묘 신묘한 표현은 국어 시간이나 국어사전이 아니라 모두 어머니로부터 배웠다. 방귀바람꽃(민들레 홀씨), 오동보라(색), 도라지보라(색), 뽈또그리한 참꽃분홍, 남끝동 반호장, 날아오르는 옥양목 버선코, 하늘도 너무 자주 우시네 등등. 또 문 닫고 들어온나, 문 닫고 나가그라… 등등의 반어법까지도. 이제는 너무 많이 잊어버린 그리운 촌티의 그리운 사투리들, 그 깊고 광활하고 드높은 철학적 화두들….

내가 시인 된 것은 오로지 엄마와의 일상에서 귀에 딱지가 생겼던 체험 덕분이다. 엄마는 모든 문제의 해결사였다. 야단맞을 잘못을 저지르고도 실토 못 하고 달려가 칭얼댈 때마다, 밤잠 원수 없다 자고 나면 지젤로 해결되어 있데이…. 엄마의 철학이었다. 고마 져 주그라, 져야 이긴데이. 안 질라 카믄 못 이기지러! 일생 울궈 먹는 엄마이다.

어느 책을 읽다 보니, 사르트르가, 시인은 지는 것으로써 이기려는 자,라고 말했다고? 그 구절을 읽는 순간, 사팔뜨기 눈의 사르트르라는 프랑스의 실존주의 철학자가 엄마의 어록을 표절했음에 틀림없었구나. 사르트르도 몰랐던 엄마가 어떻게 내 평생에 늘 지라고 타일러 줬지? 시인은 평생 지며 살아와야만, 시로써 이길 수 있다는 걸 깨닫게 된 때는, 나의 시력(詩歷)이 30년도 넘었을 때였다. 시는 정치 군사 경제 등등과 같은 직접적인 힘 있는, 즉각적 효과와 보이는 증거가 아니다. 외과적 즉각적 단기적 치료법이 아닌, 내과적 장기적인 효과를 기대할 수 없으나, 믿고 해 봐야 하는 어거지 치유 방식 중 하나이다. 타인 손을 빌린 치료라기보다는, 제 스스로 감당해야 하는, 지루하기 짝이 없는 피눈물 치유 아닐까?!

시는 잘난 이들이 쓰는 게 아닌, 스스로 못났음을 인정하는 이들이 선택한 자화상이자 자기 고발의 글이 아닌가. 그래서 잘못하여, 또 억울하여 달려가서도 말도 못 하고 울기만 하는 자식이 찾는 어머니 품속이 시의 원형 아닐까?! 아무리 얼룩져도 표시가 나지 않는, 자식들과 가족들의 모든 울분과 잘못들을 다 받아 주어, 저절로 검은색이 되어 버린 엄마의 치마폭이다. 거기서 자식 남편 가족들은 분풀이를 하고 더 때 묻히며 더욱 검게 지저분하게 하고, 거기서 눈물 머금고 잠들었다가 깨어나면, 뭔가 모를 위로를 받고 다시 해 보자는 사기(morale)가 회복되게 하는 새 힘을 얻게 되는.

모든 색이 다 모이면 검정색이 되듯, 우리의 모든 잘못들이 모이면 흰 치마도 검정색이 되지. 모든 때 얼룩도 다 가려 주고 숨겨 주지. 그래서 위로와 평화의 색상, 모성성을 가장 잘 대변하는 색상, 그래서 밤은 검은색이다. 한밤 잘 자고 나면 새로운 사기가 얻어지고 용기가 회복되어 다시 시작할 수 있다. 모성성을 대변하는 엄마의 검정 치마폭에 얼굴을 묻고 울고 나면, 모든 실패와 실수는 다 사라지고 새로운 나 자신으로 부활하게 된다. 그래서 신(神)은 밤을 만들어 주셨으리라. 신부님과 수녀님의 검은 수도복이 검정색인 까닭도 고해하는 교우들의 모든 때 얼룩을 다 받아 준다는 상징이 아닐까?

이 검정색은 배경(背景)과 조화(調和)의 색이다. 모든 색과 가장 조화가 잘된다. 아니, 검정은 모든 색을 돋보이게 한다. 검정색은 기꺼이 다른 색을 돋보이는 배경이 되어 주어 모성성으로 여기는 이유가 된다. 이 검정색에서 모든 색이 탄생된다. 태양 빛은 총천연색이지만 태양 속의 흑점(黑點)에서 모든 색이 태어나지 않는가. 그래서 검정색은 어머니 색이다. 나는 검은 옷과 구두 가방 등이 많다. 배타적인 흰옷을 입으면 때 묻을까 봐 신경 쓰여 아주 불편해진다. 자유롭자고 입는 옷이 몸과 행동과 마음을 불편하게 한다면 옷의 노예 아닌가. 커피 한 방울이 묻어도 금방 화내는 흰색 옷이다. 가장 예민하고 가장 신경질적이다. 까탈스런 흰색은 순수의 상징으로 웨딩드레스의 색상도 되지만, 실생활의 자유로움과는 배타적인 것 같다.

그러나 검은 옷을 입으면 아주 편안해진다. 여간해서 얼룩도 표를 안 내고 다 받아서는 감춰 준다. 특히 비 오거나 궂은 날씨라서, 흙이나 검댕이 묻을 수 있는 활동을 해야 하는 장소에 갈 때에는 검정 옷만 입는다. 검정 핸드백과 검정 신발 하나를 몇 년이나 사용해도 세탁할 필요가 없다. 아무 데나 놓아도 무엇이 묻을까 아무 데나 걸어도 걱정할 필요가 전혀 없다. 누구의 실수도 다 받아 주고 숨겨 주고 용서해 주는 색이기 때문이다

음식에서도 검정색은 단연 최고로 평가된다. 검정깨(흑임자) 검정콩 흑염소 흑돼지(제주도 흑돼지) 오골계 등 검은색의 것을 크게 광고하며 각종 효능을 예찬 홍보한다. 나는 모성 색의 효과일 거라고 우기고 싶다. 우리 민속에서 검은색은 북방의 색이고 지혜를 상징했다. 북현무(北玄武)는 사신방위(四神方位) 중 동청룡 서백호 남주작과 짝한다. 조선 시대에는 오방색 중 검은색을 지혜의 상징으로 홍지문(弘智門)이라 하여 한양의 북쪽에 세워 숙정문(肅靖門)이라고도 했다지.

검다는 것은 깊이를 뜻한다. 여름철 녹음이 짙어지면 검푸르다고 한다. 바다도 심해는 검푸른 바다라고 한다. 꽃 중의 여왕이라는 장미꽃도 흑장미를 가장 오묘하게 친다. 검붉다는 표현은 붉음이 지나치다는 무한정 붉다는 의미가 아닐까. 검붉은 피가 펑펑, 검붉은 피톨 등의 표현으로 말이다. 깊이가 진정한 높이 아닌가. 모성도 그렇게 깊어서 무한 드높으리라.

몇 년 전 시집 《걸어서 에덴까지》는 밤과 어둠 등, 검은색을 중심 주제로 쓴 작품 모음이다. 아니, 검은색에 미쳐 있을 적에 써

진 작품들이라고 해야 할 것이다. 〈대낮이 어찌 한밤의 깊이를 헤아리겠느냐〉 등의 검은색 예찬의 내용들이 많다. 밤이 없으면 어찌 대낮이 밝으리오. 휴식과 참회와 용서와 위로와 치유의 어두운 밤이야말로 시와 모든 예술과 창조의 원점이자 종점이 아닐까. 그래서 밤은 창조의 시간이 된다. 모든 예술은, 모든 창조는 밤에서 태어난다. 밤의 어둠 검정색은 그래서 더욱 모성(母性)의 색이다. 태양 속에 흑점이 있어서 비로소 태양이 되듯이. 내 눈동자가 검어서 더 깊게 멀리 보게 되는 듯, 이 얼마나 고마운가. 내 머리카락이 검었다가 희어지니 그 또한 다행 아니랴. 책의 글자도 검은색이라서 오래 많이 읽을 수 있으리라.

시인인 나는 둥글게 살고 싶은데, 실제로는 모난 세모꼴 메밀같이 산다. 오곡에도 들지 못하면서 성깔만 모나서 손해 보고 늘 후회한다. 그래서 언제나 속마음만이라도 둥글어지려고 애쓴다. 세모꼴인 메밀도 속 알갱이만은 둥글지 않는가. 그래서 《둥근 세모꼴》이라는 제목으로 시집을 묶기도 했다.

지는 것은 이기려는 재산이 되기 때문이니, 세상은 이를 바보숙맥(菽麥)이라고들 하지만 숙맥이 되기가 얼마나 어려운데…. 예수부터 공자 부처 간디 등, 지는 것으로 승리한 인류사의 성현들-. 지자약우(智者若愚) 용자약겁(勇者若怯)이라는 옛말도 있었는데. 진정한 용기는 비겁처럼 보이고, 어리석게 사는 게 지혜롭게 사는 거라고 믿었던 우리 조상들도, 자식 손자들에게 어리석을 우(愚) 자나 어리석을 치(癡) 자를 넣은 이름이나 호를 지어 주곤 했다.

늙은 아이는 숙맥이다. 녹두와 보리를 구별 못하는 고대 중국의 숙맥(菽麥)처럼 말이다. 숙맥 어른 숙맥 아이… 숙맥 되기가 얼마나 어려운데. 공자의 종심소욕불유구(從心所慾不踰矩)의 경지와도 통할까? 《숙맥노트》라는 시집을 묶었을 때의 철학이었다.

나는 평생 엄마를 울궈 먹으면서 시를 써 왔다. 내 문학에서 어머니 이상의 스승은 없다고. 앞으로 얼마나 더 울궈 먹을지 모르나, 아마도 울궈 먹을수록 더욱 샘솟고 더욱 깊어지고 광활해지고 드높아지는 어머니야말로 모든 모성과 함께, 성모님 신성(神性)의 현존이 아닐까. 가슴 저린 호칭, 엄마, 엄니, 어머니, 어무이, 어메, 모친, 자친 자모, 무엇으로 이름해도 좋은 모성 철학이여.

부적 같던
1전짜리 백동전

어렵게 구한 링컨 대통령을 또 잃어버렸다. 호주머니에 넣고 다니며 손끝에 만져지던 동전인데, 주머니 없는 여름옷이라 지갑에 넣었는데, 아무리 찾아도 없다. 내 엄지손톱보다 작고 가벼워서 다른 것에 묻어서 흘렸나? 은행 가면 또 부탁해야지, 하다가, 정작 가서는 잊어버리거나 부탁해도 난감해했지. 아무리 은행이라도 미국 동전, 그것도 최하 단위 1전짜리까지 준비해 두겠는가. 전에도 한 직원이 집에 갖고 있던 거라며 주었는데.

링컨 대통령 얼굴의 백동전 1전짜리는 언제부터였는지 부적이 되었다. 처음 그 동전을 얻었을 땐 시큰둥했었다. 1전짜리 열

개를 모아도 살 만한 게 없었으니까. 그러나 가난한 유학생으로는 그것도 돈이어서 병 속에 모으면서, 오래전에 읽었던 링컨 대통령의 전기 《통나무집에서 백악관까지》가 생각나곤 했지. 읽을 책도 없고 마땅찮았던 힘든 청년기에 헌책방에서 구해 읽었던. 여러 위인전기와 별 차이 없었지. 다만 더 오래 더 극심한 고통의 터널을 거쳤다는 느낌뿐이었고, 정치 혐오감까지 겹쳤던 1960~1970년대에는 더 그랬지.

그 후 유학 가서 처음으로 링컨 얼굴의 작고 작은 백동전을 만났지. 공부가 너무 힘들 때마다, 힘든 공부의 의미와 삶의 의미를 회의하게 될 때마다 만지작거려지던 백동전. 열 개를 모아도 살 게 없던 무가치한 1전짜리를 괜히 꺼내서 들여다보게 되었고, 그렇게 위대하다는 링컨을 왜 최하 단위인 1전짜리에 담았나? 생각도 했지. 당시 우리 돈 최고액권인 1만 원짜리의 세종대왕 화상과 비교하면서. 그러다가, 가난한 아무나 쉽게 얻으라고, 누구나 얻어 만지다가 고액권 인물에서보다 더 위대한 걸 발견해 내라는 의도였나? 하다가, 고액권에 담긴 건국의 아버지들보다 더 소중하다는 억지 생각도 하면서, 링컨의 뭐가 그리 위대한가? 거스름으로 받다가 떨어져도 잘 주워 가지도 않는 1전짜리, 도서관 책상 위에 흘려 둬도 아무도 안 집어 가던 1전짜리의 진가는 수시로 마주치는 흑인들에게서 찾아졌는지도 모른다.

링컨이 대통령이던 시대에 흑인들은 주인의 가축 같은 재산이었다지. 그 어떤 주인이 자기 집 재산 중 가축을 자신과 동등한 인격체로 여겨 해방시켜 주었겠나? 하늘-땅이 뒤집힐 천지개벽할 그런 생각을 해낼 누가 있었을까? 그 당시까지도 내 눈에는 인종차별이 자주 보였으니까. 길길이 솟구쳐 불길같이 번지는 반대를 무릅쓰는 대가가 암살뿐일 줄을 잘 알면서도. 무엇이 그를 그토록 담대하게 했나? 목숨과 바꿀 가치라서, 신이 유독 자신을 선택하여 부여한 사명으로 알아 실천했을까? 숙제와 시험에 시달리는 어느 틈을 비집고 그런 생각이 끼어들었는지. 1전짜리 백동전에다 링컨 얼굴을 담아낸, 그 당시 지도자들의 안목에 큰절이라도 하고 싶었지. 흑인들의 구세주요, 메시아인 링컨을, 1전짜리에 담는 것이 최선 최고의 대접인 줄 알았다니. 뭐 이렇게 인류의 보편적 가치가 그 작은 백동전에서 만져졌던가?

1970년대 한국 하면, 코리언타임, 깡패, 엽전, 지푸라기로 만든 신발 즉 짚세기 등이었다. 그때 읽은 루스 베니딕트의 《국화와 칼》의 감동에 고무되어, 세금으로 유학하는 빚 갚기로 〈우리의 전통 여성-아동 민속 연구〉의 아이디어를 얻었고, 오랜 후 2000년대 초 10원짜리 구리 동전을 〈다보탑을 줍다〉라는 시로 쓰게 되었을까? 어쩌다 손끝에 만져지면, 내가 나에게만 갇히지 말자고. 보편적인 가치로 무한 커지라고 타일러 격려해 주는 듯했는데.

모든 시인은 2월에 태어났다

2월이다. 겨울 끝 어린 새봄의 서툰 걸음마가 보인다. 문학은 거짓말로 참말하기니까 이는 거짓말일수록 참말이다. 너무 늙은 겨울 노인이 다시 아기가 된 모습이다. 남종화의 소치 선생의 노치(老癡)가 된 숙맥(菽麥) 모습도 보인다. 노년의 워즈워즈가 아이는 어른의 아버지라고 한 말이 떠올라 저절로 햇빛 미소도 지어진다. 아이는 어른의 아버지 이상, 어른의 할아버지라고 쓴 적 있는 나는, 워즈워즈가 신약 성경의 4복음서를 묵상하다가, 이 시구를 얻었으리라고 믿고 싶다. 생애 초기의 아이도 좋지만, 늙어서 다시 아이가 되는 건 더욱 이상적이다. 늙은 아이는 바로 숙맥이니까. 그래서 소치 선생도 만년에 스스로를 노치라고 했다는 일화를 들은 적 있다. 겨울도 늙으면 어린 봄 2월이 된다. 가래 끓는 목청으로 한시나 시조를 읊으시던 조부님이 어린 손녀 나를 무릎 아래 앉히시고, 새 봄볕보다 밝게 웃으시던 모습은 2월이면 해마다 떠오르곤 한다. 창호문으로 들이비친, 어린아이와 늙은 아이의 눈부신 실루엣 둘로 새겨진다. 내가 늙은 아이 숙맥이 되어서 어린 손주 아이를 기다리는 모습이리라.

잘나고 많이 가진 1, 3, 4, 5, 6, 7, 8, 9, 10, 11, 12월들이, 다투어 좋은 것 아닌 것들은 빼앗아 갈 만큼 가져가게 하여, 더 이상 탐나는 것 없는 찌꺼기 나머지의 2월은 그래서 작다. 작은 것이 큰 것이다. 덜이 더이다(Less is more). 가장 작아도 더 줄 사랑과 용서 등 너무 많고 큰 달이 2월이다. 그래서 모든 시인의 진정한 탄생 달은 2월이다. 2월에 태어나면 무조건 시인의 운명으로 살게 된다. 나도 4월에 태어났지만, 심리적 · 정신적 · 정서적 모든 생일은 2월이라고 우긴다. 인종, 성별, 피부색, 국적 등과 상관없이, 아담과 하와가 우리의 원조라고 여기는 모든 이들은 다 하느님 자손이라고 믿는 것과 같다. 모든 시인은 아이들이고 인간의 궁극은 다시 아이 되는 것이니까.

존 번연이 성경에서 얻은 아이디어로 《천로역정》을 썼고, 그 책에서 다시 괴테의 《파우스트》가 나왔다고 믿어지듯이, 무지개를 바라보는 모든 이들은 다 아이다움을 지니고 있고, 아이 적으로의 회귀를 소망하게 되니까. 어거지로라도 그렇게 우기고 싶어지니까.

작고 화가 김기창 선생의 노년의 바보 산수화처럼, 그 산수화를 그린 바보 숙맥 아이처럼, 만년의 피카소가 아이들 장난치듯 그린 그림의 분위기나 의도처럼, 예수의 말씀처럼(아이 같아야 하느님 나라에…), 니체가 차라투스트라의 입을 통해 도달한, 인간의 마지막 경지인 아이처럼, 2월은 이 작고 소박한 인간 최고의 경지를 데려와 준다. 시인처럼 살라고 시인이 되라고 아이다운 시인으로 말이다.

나의 전공 교육 심리학 특히 발달 심리학의 여러 연구 결과는 사람을 크게 둘로 분류했다. 지위 지향(status oriented)적인 이들과 과업 지향(task oriented)적인 유형으로. 전자는 감투와 의자를 즉 크기와 높이를 추구하지만, 후자는, 작음과 깊이를 추구한다. 타인 기준이 아니라 스스로가 중요시하는 업적을 추구한다니. 창의적인 예술가나 발명가 학자 헌신 봉사자들이 후자에 속한다고. 2월은 후자와 가까운 듯 느껴진다. 그래서 시인의 달이다. 2월은 시인으로 늙어 온 노파 할머니 나의 생일 달이라고 억지 부리고 싶다.

신은 죽었다고 선언했다고 오해받는 니체가, 자기 철학을 담은 이야기책 《차라투스트라는 이렇게 말했다》가, 왜 하필 늙은 겨울,

아이 봄, 2월에 더 생각날까? 인간은 이렇게 2번이나 아이로 산다는 걸 깨우치는 탓일까?

목사의 아들이었다는 니체는 자기 철학을 담은 《차라투스트라는 이렇게 말했다》에서, 작품의 주인공을 고대 페르시아의 종교인 조로아스터교의 창시자인 스피타마 차라투스트라(Spitama Zarathustra)로 내세웠다. 그는 10년간 명상을 마치고 산에서 내려와 처음 만난 사람에게, 신은 죽었다,라고 말했단다. 그러나 이 반어적 선언은, 신은 정말 죽은 신이 아니라, 인간이 더 이상 자기 삶을 신에게만 맡기지만 말고, 스스로가 고난을 극복하며 살아야 한다는 뜻(자유 의지를 주셨기에)을 상징적으로 표현한 것이었다는데. 인간은 이미 선악과 범죄로 에덴에서 쫓겨나, 고난의 제 삶을 스스로 극복하라는 제2의 기회를 얻은 것이니까. 또다시 그런 짓하면 죽여 버릴 거야, 호적에서 파내 버릴 거야, 내 자식 아니야… 등등으로 공언하고 선언한 부모(하느님)라도, 그 자식이 그 잘못을 다시 했다 하여도, 자기 자식을 호적에서 파내거나 죽이지는 못하듯이 말이다. 신은 스스로 거짓말쟁이가 되면서까지 당신 자식인 아담과 하와를 죽이시진 못했다. 고생하며 철들라고, 두 번째 기회를 주신 것. 자식 이기는 부모 없다니까. 나는 늘 이 속담을 하느님께 들이대면서 기도하니까.

이 깊고 광활한 모든 전제를 바탕으로 하여, 인간은 세상을 무조건 선 · 악의 이분법으로 단순하게 보지 않고, 당면하는 현실적 고난에 긍정적으로 이성적으로도 대처하면서 살아가면, 초인적인 존재가 된다는 의미였을 것이다. 그래서 저절로 니체의 차라투스트라가 말하는, 낙타에서 사자로, 다시 아이의 3단계로 바뀌면서, 마침내는 아이에 이를 수 있으리. 주인이 시키는 대로 짐만 져 날라다 주는 낙타처럼 사는 단계를 지나, 제 힘만 믿고 무엇에나 대항하려는 사자 단계도 거쳐서, 매사를 긍정적으로 즐겁게 감사도 하면서 살려는 자세가 니체의 아이 단계 아니랴. 시인의 삶의 자세도, 작고 하찮은 명절이나 국경일 하루도 얻지 못한 작고 작은 2월처럼의, 그 작고도 가엾은 한두 점의 순수가 아닐까. 차라투스트라처럼 제가 만든 선과 악이라는 이분법 기준에서 벗어나, 세상과 인생에 대한 편견 불만… 등등보다는, 긍정적으로 즐기기도 하며 살겠다는 의미라고 우기며, 나는 드디어 아이가 되었다, 늙은 아이 숙맥(菽麥), 삶의 그 정점에 이르고 싶다고.

2월에는 나 같은 작은 시인이 괜히 좋다. 크고 장대한 시(詩)만이 장땡이가 아니지. 성수대교, 동작대교, 한강대교, 마포대교… 대교라는 이름들이여, 2월에는 당신네들이 얼마나 부끄러울까. 작고 작은 우리 국토에 대교(大橋) 같은 시(詩)보다는, 2월 같은 작은 시도 가슴 저리게 좋아져. 시(詩)란 천(千)의 몸에 만(萬)의 얼굴을 가졌으니까. 무능 무지 무용에도 첫울음을 무모하게 내지르는 갓난아기보다 더 고고한 시인(詩人)이 있을 수 있느냐 말이다. 2017번째로 늙은 숙맥 아이 2월이 왔다. 작은 시의 꼬맹이 시잡지들이 쪼로로 몰려왔다. 오호 쾌재라.

80살도 중년기!
인생 최고의 시기

일생 중 언제가 제일 좋을까? 아니 어느 시기가 가장 좋았던가? 우린 모두 노년이니까. 초로도 섞였지만…. 모임 후에 몇몇이 차 마시는 자리에서, 최고 연장자인 대선배가 꺼낸 말이었다. 40대 50대 60대… 애들 혼사가 늦어서 난 70대야. 이제야 뭘 좀 알 것 같아. 등등의 고백들이 쏟아졌다. 이런 회고와 고백의 근거로는, 대략 비교적 건강하고 무수한 실패 경험에서도 지혜를 얻게 되어, 용기와 열정을 가질 수 있다는 이유였다. 재출발과 길바꿈의 가능성도 추가되었다. 긴 미래를 생각하면 재출발해도 늦지 않다고도 했다.

그렇다. 에릭 에릭슨의 인간 발달의 8단계 이론상, 40대부터는 가장 생산적인 시기라고 했다. 칼 구스타프 융은 그의 중년기 이론에서, 중년 이전은 유행이나 남들 좇아 사는 등등 시행착오의 시기일 수 있지만, 이런 실수 실패 성공 등을 경험하면서 세상도 자신도 폭넓고 깊게 알게 되는 중년부터가 중요하다고, 그 자신도 중년에 들어 프로이트와 결별하여 자기만의 이론을 개발 구축하지 않았던가. 행복이란, 재산 권력 지위 명예 등의 변수와 정비례하지 않는다는 것을 폭넓고 깊은 체험으로 깨닫게 되면서, 인생을 부분적이 아닌 종합적으로 통산하는 안목이 생긴다는 것이다. 이건 나답지 않다고, 내가 살고 싶은 삶이 아니라고, 앞으로 40~50년을 이렇게 살고 싶지는 않다는… 등을 점검하여 어떤 결론에 이르게 되면, 세칭 번쩍거리는 직업을 버리고 하찮게 보던 직업으로 재출발하게 되는 실례는 무수했다고. 남 보기 좋은 직업에서 자신에게 좋은 직업으로 바꾸어, 하고 싶은 일을 하며 만족하는 이들이 많아진다고, 중 · 장년기는 아직도 재출발과 재시작이 가능한 시기라는 주장이다. 다행히 현재 직업에 만족하여, 그간에 얻은 경험 경륜 지혜로 가장 열정적인 성취를 이루게 되어, 중 · 장년기야말로 가장 생산적인 시기란다. 또 에릭슨과 융의 시대는 아득한 옛적이니까, 지금은 그때보다 중년이 더 길어졌다고 우겨 가면서.

우리는 무엇보다도 건강을 중요한 전제 조건으로 들었다. 중·장년기는 아직 건강하기 때문에 무엇이나 가능하다고. 실패는 성공으로 결과 되지 않아도, 심지어는 실패의 결말도, 지혜를 선물한다는 등등, 따라서 용기와 열정이 뒤따를 수 있다는 이유들을 떠들어 댔다. 그러다가 창세기 6장에 인간 수명을 120세로 한다는 구절까지 인용하며, 앞으로 120세 시대가 될 테니, 70~80대도 중·장년이라고 억지 부리며, 오히려 지금 농어촌 노동력이 70~80대라는 실례까지 들이댔다. 아브라함은 75세에 본토 친척을 떠나 재출발길에 올랐고, 아내 사라가 죽은 뒤에도 크투라와 재혼하여 여러 자녀를 낳았고, 모세는 80세에 사명받아 민족 지도자가 되었다고. 칸트는 70대 중반에 인간학을 썼고, 미켈란젤로는 팔순을 넘기면서 성 베드로 대성전의 천장을 어떻게 만들지 고민했고, 제임스 와트는 80세까지 발명을 했단다. 또 최근에는 80대 노인이 알래스카의 가스를 태평양 바닷속을 통과하는 송유관으로 미국 본토로 이송하는 공사를 총지휘하는 것을 TV에서 봤다며, 80세부터가 참인생이라고 목청은 더 높아졌다. 노령은 젊음보다 못한 기회가 아니고 다른 옷을 입었을 뿐이며, 황혼이 스러져 갈 때 하늘은 낮에 안 보이던 별들로 가득 찬다는 시인이, 헨리 롱펠로우였다고도.

어려서 20~30리는 늘 걸어 다니며 자랐고, 군사 혁명 후 서울의 버스 한 구역은 지금의 3구역보다 길었으니, 우리 다리는 강철 다리라고 웃어 가며, 우리 모두는 아무도 자신을 노인으로 여기지 않았다. 청년은 풋김치, 용기와 열정이 만용과 낭비하기 쉽고, 중 · 장년은 제맛 김치, 그 이후는 깊고 오묘한 참맛의 묵은지… 별별 비유로 웃고 떠들다가 헤어졌다. 파이팅!이란 이런 것인가?!

결국은
내 기분 탓이었다

폭염 탓인지 괜히 짜증스러운 지하철조차 만원이었다. 겨우 얻어 낸 자리에 앉고 보니, 맞은편 할아버지가 사탕 껍질을 까서 바닥에 흘렸다. 주위를 흘금거리면서 다리 사이 바닥에 슬그머니 껍질을 흘리고는, 알맹이는 입에 넣고 으드득 깨무는 소리까지 나도록. 어른이 어떻게 저래? 기어이 나도 모르게 한마디가 새 나왔다.

선생님! 바닥에 버리시면…, 공손하게 웃음까지 흘리려 애썼지만, 내 얼굴에서 열기를 느낄 정도로 화난 걸 참지 못했으니, 그에게 전해지지 않을 리 없지. 내릴 때 주워 가면 돼요! 대답은 한심

했지만 나는 참을 수밖에.

그러나 내 말 이후에도, 그는 계속 사탕 껍질을 자기 의자와 등받이 사이의 틈에 슬그머니 끼워 넣으면서 먹어 댔고, 내 시선은 그의 동작을 계속 따라다녔을 게다. 양옆에 앉은 할머니들도 그의 행동에, 몸을 비틀고 낯을 찌푸렸지만 입은 굳게 닫았다. 인내심들 대단하구나. 나만 왜 못 참지? 나는 왜 인내심도 교양머리도 없지?

드디어 그가 일어서서 내리려 했다. 내 입은 나도 모르게 선생님! 하고 불러 세웠다. 아줌마가 뭔데? 무슨 상관이야? 그도 벼르고 있었다고 눈알을 부라리며 소리 질렀다. 이건 우리 세금으로 된 공동재산이잖아요. 쓰레기통 아니잖아요? 사람들이 밟고 미끄러져 다칠 수도 있고…. 주워 가지고 내리셔야죠! 금방이라도 달려들어 주먹질할 기세이던 그는, 별 여편네를 다 보네, 이게 지 꺼야? 다시 눈알을 아래위로 굴리며 소리치며 내려 버렸다. 저런 걸 낳고도 아들 낳았다고 좋아 미역국밥 (처)먹었을 그의 어머니까지 욕하고 싶어졌다.

쏙 씨언하네! 미버 죽겠더니. 그제야 어르신들이 한마디씩 했다. 왜 암말도 안 하시고 가만 계셨어요? 왜 이제야 그러세요? 나는 더 화가 났고 침묵이라는 교양을 선택했던 노친네들이 더 미워졌다. 남편은, 그러다 큰 봉변당해! 왜 혼자만 훈장티 내고 그래? 그 성질머리 좀 고쳐! 집까지 내내 시달렸지만, 그의 어머니까지 욕하고 싶은 걸 참는 게 더 힘들었다. 어느 어머니인들 훌륭한 자식 되길 바라지 않았으랴. 모든 어머니들이 불쌍하고 가엾어지기까지 했다. 왜 아버지들이 아니고 어머니들이지? 내가 어머니라서 이런가?

내가 아이 때는, 어른들은 언제 어디서나 훈육 주임이었고, 한 살만 더 많아도 어른 노릇 했고, 그의 말은 또 순순히 따랐는데. 요즘 어른들 모두는 나잇값을 기피하니, 늙어 갈 뿐이라고 자조(自嘲)하게 되다가, 아예 아이스크림을 손에 든 아이를 데리고 타는 엄마 아빠, 빵을 먹는 학생, 컵을 들고 빨대로 서로 마시게 하는 연인, 자리 잡고 앉아서는 뭔가를 꺼내 우물거리는 아저씨 아줌마, 그리고 늙수그레한 할아버지 할머니… 들들들… 들이 너무 많다. 너무 많다는 사실에 화날 때가 너무 많다.

지하철이 자기네 안방이나 거실인 줄 아나? 공적(公的) 공간과 사적(私的) 공간을 구별하지 못하는 모습에, 아직 멀었어 선진국 되자면. 세월이 걸릴 만큼 걸려야 할 게야. 그러다가도, 어떤 때는 공부에 시달려 먹을 시간 놓쳤다가 시장기를 못 이겨 지금 먹는 모양인데…. 측은하게 생각하려 애쓰다가, 지하철 역내에서는 아예 먹는 것을 팔지 말아야 하는데. 내다보면 자판기는 수두룩하고 역마다 음식 냄새가 진동하지 않는가.

우리는 얼마나 오랫동안 얼마나 더 먹어 대야만 입의 만족에만 매달린 젖먹이 아기 적의 구강기(口腔期)를 벗어날까? 채널마다 먹는 음식 만들기, 먹는 집 찾아다니기 등등에 경쟁적이다. 해로운 가공으로 빨리 이득을 더 얻자는 업자들이 넘치고, 그래서 소비자들을 대량으로 간접 학살하는 악덕업자가 많은 세상이니까, 그래야 마땅한 줄 왜 모르랴마는, 너무도 입의 만족에 매달린다 싶다.

선진국이라는 나라들 같으면, 자연 훼손에 걸릴 짓들을 조장하는 듯이 버젓이 보여 주는 매체들도 많다. 대나무 참나무 소나무… 등 좋다는 나뭇가지를 잘라서, 솔잎 댓잎 뽕잎… 자연 훼손에 앞장서서(?) 입맛 장수 정력 미용에 집착 고착시키기에 열을 올리니, 저러고도 자연 보호니 생명 존중이니 공공성이니 공익성이니를 주장하는 대중 매체인지? 대중 매체로서의 마땅한 역할인 사회 교육의 역할은 왜 모르는지? 골목마다 유원지마다 먹는 집만 즐비해 있고, 산수 좋은 곳에는 도착하자마자 싸 간 음식을 풀어 놓고 먹느라 산수 감상은 아랑곳없으니, 저렇게 먹어 대고는 체중 감량을 장려 권장하는 방법을 방송하느라 또 얼마나 난리법석들인가. 덜 먹고 덜 빼면 고생도 덜할 텐데.

내 두 눈은 왜 요 모양 요 꼴로 빼뚤어졌을까? 나도 먹는 걸 좋아하면서 왜 남들은 꼴불견이지? 그저, 보고도 못 본 척 듣고도 못 들은 척 입이 있어도 없는 척, 눈멀고 귀먹어 벙어리로 견디는 부덕(婦德)을 귀에 못 박히게 듣고 자랐으면서도, 나 왜 이 지경으로 경박해져 가지? 어느 때는 학생! 지하철에서는 음식을 먹지 못하게 되어 있어요!라고 기어이 한마디 하고 내리기도 했는데, 왜 요즘따라 자꾸 성질이 더 곤두서게 되지?

어제는 건널목을 건너자마자, 동네 횟집에서 생선 다듬어 씻은 구정물을 큰길가의 홈통에 버리는 걸 보고는 또 한마디 하고야 말았는데, 오늘은 점심 먹으러 가서 식당을 마구 뛰어다니는 아이들을 야단쳤다. 그 애들 엄마들은 저 손님(내가) 화난 모양이니 조용히 하라고 귓속말로 아이들을 달랬다. 괜찮은 엄마들이라고 칭찬도 해 주고 싶었지만, 진짜 칭찬인 줄로 알까 봐 참았다.

그래! 바로 내 기분 탓이야. 내 기분이 좋을 때는 못 본 체했는데도, 비슷한 현상에도 내 기분에 따라 못 참을 뿐이야. 문제는 나야! 내 탓이야. 암만 나이 먹어도 수양 안 되기는 지하철의 그 사탕 할아버지와 마찬가지라고 반성도 했지만, 아직도 애들 엄마들의 눈초리에 몸이 쑤신다. 얼른 집에 가서 아스피린이나 먹어 통증이나 풀자. 다 내 탓, 내 탓이요, 내 탓이요, 내 큰 탓입니다. 내 기분 탓입니다.

아줌마는 무슨 할머니세요?

근데 아줌마는 무슨 할머니세요?

네 살 된 손자가 테이블 건너편의 부인에게 묻지 않는가? 나는 금방 알아들었지만, 다른 부인들은 무슨 말인지 못 알아듣고, 뭐라고 했니? 다시 묻자, 아줌마는 무슨 할머니냐고요?라고 또 묻지 않는가?

이때껏 한국말도 잘한다고, 똑똑하다고 칭찬하던 할머니급 부인들은 까르르 웃었다. 손자는 제가 뭘 잘못했는지도 몰라, 나한테 안기면서 울먹거리기까지 한다. 그러나 같이 웃던 나는 걱정스러웠다.

사돈총각, 즉 손자의 외삼촌이 결혼하는 예식장에서였다. 친동생의 결혼식에 며느리는 네 살 손자와 세 살 손녀까지 데려오지 않을 수 없었다. 더 어린 손녀는 며느리가 담당하고 손자는 내 몫이었다. 친인척 부인들은 며느리의 이름을 불러 가며, 너, 자윤이 아들이구나? 하면, 손자는, 네, 김○○와 허○○의 아들이에요, 저기 저 애는 내 동생이고요,라고, 멀리서 쏘다니는 제 동생까지 가리키며 의젓하게 대답해서 다들 웃었다.

물론 또래 이름 부르듯이 제 엄마 아빠 이름을 불러서도 놀랐지만, 아직 어리고 무엇보다도 우리말을 너무 잘하는 것이 기특하고 대견해서 칭찬으로 이어졌으니, 나도 자랑스럽지 않을 수 없었는데. 그러나 그것도 잠시, 새로 오신 손님들은 손자에게 자신을 소개했다. 난 네 엄마의 고모야, 그러니 고모할머니다, 나는 네 엄마 이모다, 이모할머니야, 머리 허연 사람은 모두 할머니다 알지? 끝없이 이어지는 자기소개와 호칭을 일러 주는 중에, 한 부인이, 나는 네 엄마 팔촌 언니이니, 아줌마다 아줌마야! 하자, 손자는 호칭이 달라지는 데 의아했는지 옆에 앉은 나를 바라봤다. 또 다른 이들의 소개가 이어지고 나서, 한숨을 돌린 손자는, 테이블 건너편에 앉은 아줌마라고 소개했던 부인에게, 아줌마는 무슨 할머니세요?라고 물었다.

이를 어쩐다? 아직 어리지만, 항렬과 촌수와 호칭 관계를 모른다는 증거 아닌가? 물론 아직 어린이다. 또 아줌마라고 소개한 부인은 아줌마급이라기보다는 흰머리도 섞인 할머니급이긴 하다. 그래서 겨우 네 살배기 손자는 할머니로 본 것이다. 삐아제의 인지 발달 이론상 개념 형성 이전 단계인가?

여기에서 산다면 저절로 고쳐 배울 수 있는 일상적 기회가 자주 있겠지만, 달랑 제집 하나 외에는 한국인 이웃도 없는 외로운 섬 생활 같은 현지에서는, 할머니 같은 아줌마를 항렬 계산과 촌수를 따져서 호명할 기회는 있을 수가 없으니까. 그래, 다 좋을 순 없다. 거기서 태어나 거기서 자랄 수밖에 없느니 현지 언어를 배워 사용할 수밖에 없지만, 그럴수록 모국어는 더 잘 알아야 하는데. 우리말을 제대로 못 배울까 봐 동화책이며 노래 테이프며 열심히 사서 부쳤는데. 여러 언어를 구사할수록 유익하고, 어떤 경우에도 모국어는 말하고 읽을 수 있어야 할 뿐만 아니라, 제 생각을 한글로 조리 있게 글로도 쓸 수 있을 정도여야 한다고 주장해온 내가 아닌가. 재외 친구의 자식들이 한국말을 못할 때 속으로 얼마나 욕하고 싶었던가. 그랬던 나의 손자가? 암만 어려도, 더구나 어려서 다잡지 않으면 나중에는 더 어려울 거라는 등의 상상에다가, 현지 친구들의 다 큰 자식들까지 떠올리면서 걱정만 하는 중 혼례식은 끝났다.

아무튼 개운하지 못한 기분이 가시지 못한 다음 날 저녁, 한 살 더 어린 손녀 때문에 폭소를 터트릴 수 있어, 그야말로 살아 있는 집안 분위기가 되었다. 저녁 식탁에서 물러난 할아버지가 며느리에게, 커피 한 잔 다오, 하자, 며느리는, 네, 아버님 하고 부엌으로 갔다. 그런데 바닥에 앉아 그림 맞추기를 하던 손녀는, 아버님 아냐. 할아버지야! 하고, 큰 소리로 당당하게 거들어서 식구들이 웃지 않을 수 없었다. 이미 손녀가 제 아빠를 오빠라고 불러서 이를 고쳐 주느라 며느리가 애를 먹었다고 들었지만, 다시 유쾌하게 웃게 만들지 않는가.

근데 아버님! 설탕하고 크림은요?라고 묻자, 제 엄마에게 아버님 아냐 할아버지야! 손녀는 짜증까지 냈고, 우리는 또 웃었고. 아버님 드세요, 드디어 커피를 드리자, 손녀는 울음을 터트렸다.

아버님 아니야. 할아버지야, 그치? 하며, 할아버지 무릎으로 기어오르며 울어 댔고, 그래그래, 할아버지야!라는 판정에 울음을 그친 손녀는, 제 엄마를 향해 핼금 눈을 꼴치며 의기양양해졌다.

이래서 집안에는 아이들도 있어야 하고, 이런 일상이 며칠 이어지고, 금방 떠나 버릴 것이 서운해지면서도 얼마나 행복하던지. 행복이란 거대한 무엇 아닌 바로 사소하고 유치한 일상생활 자체인데. 나도 한마디 했다 더 웃고 싶어져. 자윤(며느리 이름)아! 너 봤지? 피는 커피보다 진하지 않냐?!

앉아서 밥상 받고 일어서 호령하고 걸어서 내 땅 밟고

강추위 속에 친지들이 모였다. 일기 예보가 너무 잘 맞아서 재미없다고 투덜거리자 다들 내 입처럼 동조한다. 계산기 일기 예보 등 문명의 발달 탓에, 신이 인간에게 주신 생래인 직감과 직관력과 통찰력은 깡그리 싸그리 없어져 버렸다고. 어느새 우리는 와글와글 떠들며 분석적 사고만 키운, 단편 지식 중심의 우리 교육은 물론 현대 교육을 총체적으로 매도하게 되었다. 오감 이상의 육감 칠감까지 신비롭고 놀라웠던, 신이 주신 감각의, 옛날 어르신들의 권위와 경륜과 경험이 새삼 그립다. 그분들 중심으로 혈연 응집력이 강화되었고, 더불어 사는 공동체적 행신(行身) 교육의 기회가 되었던 전통 명절은, 고향과 유년기와 혼연일체를 만들어 주곤 했는데. 그 시절 그곳이 다시 그립다고, 촌티가 큰 자랑이라도 되는 듯 시끌벅적 와글거렸다.

고향이라는 그곳은 반드시 명승고적일 필요는 없다. 배산임수의 그저 그런 마을, 당산나무와 서낭신과 구미호와 섶다리와 물귀신과 여우 울음과 도깨비불과, 제삿날 밤 조상신들의 현몽과 태몽들…이, 우물가와 골목마다 수런거리고, 겨울밤은 부엉이 울음 따라 호랑이 불 번쩍거리고, 초봄에는 개울가에 만발한 개복숭아꽃과, 언덕바지 양지마다 할미꽃 고개 숙여 피면, 고향으로는 충분조건이었다. 제 고향을 두고는 아무리 거짓말을 해도 무죄이다. 무슨 영화에서 들은 대사도 문득 생각났다. 또 대학 때의 교양 영어에서 읽었던 소설 《레드(*Red*)》의 여주인공이, 너무나 상스러운 남편을 두고 온갖 매력을 다 갖춘 고상한 남자라던 자랑도 생각난다. 사랑하면 왜 아니 그러랴. 그래서 눈에 콩깍지가 끼었다고 했지. 외가댁도 그렇다.

《나의 문화유산답사기》 2권에서, 유홍준 교수가 안동 문화처럼 엄격한 친가와, 호남의 여느 집처럼 넉넉한 외가에서 자라면 좋겠다고 했던데. 나는 어린 시절, 유 교수의 표현처럼, 가난해서 더 엄격했던 친가와 넉넉하고 느긋한 외가를 오가며 자란 행운 중 행운을 누렸다. 달빛의 농도와 바람 끝 습도의 느낌만으로도, 내일의 날씨와 아침저녁의 해 뜨고 지는 일까지를 예감하던 어르신들이 쌔고 쌨던 고향은, 내 유년기의 낙원이었고, 동화 속 세상이었고, 동요처럼 재잘거리는 냇물 소리였으니, 내 생애 중 가장 행복한 시절이었다.

누구의 유년기인들, 전설과 동화와 동요 시절이 왜 아니랴마는, 전통 명절이면 늘 고향 마을과 혼연일체가 되어 회상되곤 하는 아이 적. 고향과 명절은 총체적인 하나이지 별개일 수가 없어, 저절로 조무래기 적으로 돌아가곤 한다. 들꽃처럼, 새끼 짐승처럼 자랐을 손바닥만 한 고향 마을과, 어른들의 지나친 엄격함에 대한 저항하느라고 놋요강 뚜껑으로 탁배기를 퍼마시던 전위 예술가 아재들과, 보고 들었던 무궁무진한 귀신 이야기의 입담 좋은 자원 인사들이 넘쳐, 금방 그 옛날 동화의 주인공이 되어, 귀갓길 내내 혼자서 미소를 누렸다.

그랬다. 자화자찬으로 콧대만 높던 반촌 풍속도였다. 서울 양반들은 토반(土班)이라고 무시했지만, 내 고향에서는 양반 기준이 벼슬 높이가 아니라, 글 즉 문장(文章)과 행신(行身)이었다. 때문에 서울 양반을 대수롭지 않게 여겼다.

이런 기준상, 양반 중에서도 알양반이라고 불리는 한 문중에서 우리 마을로 시집온 새댁은, 아들이 없어 난리가 난 지친(12촌 이내)들의 처방을 따라 산신령 빌기를 가야 했다. 흉년 중의 흉년이고 보릿고개 꼭대기에도, 혈연의 대(代)를 이을 아들이 더 절박했던지라, 목숨보다 아끼는 제수용 쌀 한 줌 덜어 쌀밥을 지어 영발(靈發)이 백발백중이라는 산속으로 들어갔다. 반반한 바윗돌 위에 옥식기(놋그릇 밥주발)를 풀어놓고 비는 말인즉, 이보게 산신령! 내 이밥(쌀밥) 한 그릇 해 왔네, 이밥 자시고 내한테 아들 하나 점지하면 그 은공 백골난망(白骨難忘)이겠네. 당연히 친척 한둘이 보호자 겸 수행했던 바, 이 소문은 바람보다 빨랐고 냇물처럼 그치지 않았다. 산신령이 머슴인가 말따?, 빗발치는 비난에 새댁의 대답은 더 기막혔다. 지가 누군디요? 친정으로 보나 시댁으로 보나, 산신령한테, 허게, 안 하고 뭐라꼬요? 이렇게도 도도했던 그 새댁에게 아들이 점지되었는지는 모르지만, 친지 모임에서는 씹을수록 맛이 더해지던 고정 메뉴였다.

밖을 내다보는 척 혼자서 웃다 보니, 어느새 내릴 역이 가깝다. 문득 저녁 준비가 떠오른다. 아랫목에 버티고 앉아 밥상을 받는 호강은 고사하고, 매 끼니를 내 손이 해야 하니! 증조할머님의 기도발이 왜 아직 당도하지 않나?

경술국치 직후라고도 하고 명성황후 시해 직후라고도 전해지는데, 항일(抗日) 행사하는 장날 장터에서, 만세 부르시다가 돌아가신 증조부 땜에 소년청상이 되어 독기만 새파랗던 증조모는, 달만 뜨면 마당으로 나와 쓰러질 때까지 빌었다. 특히 아버지 삼촌 고모와 증손인 나를 위해 중얼중얼 큰절을 퍼부어 댔다. 나를 위해서는 뭐라고 빌었느냐고 번번이 물어도 번번이 머리를 쓰다듬으시며, 앉아서 밥상 받고 일어서 호령하고 걸어서 내 땅 밟고…, 하시던 대답만 생각난다. 이 어른께는 사모치는 소원이던, 지극히 통속적인 이 기도발이, 아직도 어디를 헤매고 있나? 일어서 호령하고 걸어서 내 땅 밟기는 고사하고, 저녁밥 준비라도 안 할 수 있었으면. 오늘 저녁도 뭘 해 먹는다? 아니 언제까지 끼니 걱정이 내 몫이어야만 하지? 신문이고 방송이고 줄기차게 나쁜 먹거리를 떠들어 대니까, 세끼 먹는 일은 모조리 내 짐이 되고 말지 않나? 모르는 게 약이고 아는 게 병이라던 말 그대로, 모르면 맛있고 편하게 잘 먹다가 때 되어 죽으면서 운명이라고 하고 말 텐데. 알아서 오히려 내 짐만 더 무겁게 하고 국가적으로도 연금 적자만 키워 내지 않나.

그래서 원시 시대였던 유년기가 더 그립다. 모이면 소문들과 이야기들로 웃음꽃이 만발했고, 더구나 정월 초하룻날 제사 드는 집도 있어 귀신 얘기는 말할 것도 없었지. 고려 적의 최고 시인 정지상에게 김부식이 시 한 줄을 청했으나 정지상이 거절했다고, 김부식은 정지상을 묘청과 싸잡아 죽여 버렸고, 정지상은 측간 귀신이 되어, 뒤보러 온 김부식의 고환을 잡아당겨 복수했다고. 이규보의 시화집 《백운소설》에 나오는 내용인 줄은 자란 후에 알았지만, 귀신들이 득시글거리던 아이 적 어느 제삿날 밤에 들었지. 이인화의 소설 《영원한 제국》의 주인공 정조 임금의 독살설도 빠지지 않아, 할매들로부터 어린아이도 알던 얘기였지. 조선조의 당색으로 남인에 속했던 조상들 얘기로는, 400년 서인의 독점 권력을 견제하려고 남인을 등용하려던 정조 임금이었다고, 그래서 독살당했다는 얘기는 고막 속 딱지였지.

설만 쇠면 세배 명분으로 외가로 보내져, 보릿고개를 넘기며 잘 먹고 잘 얻어 입고 사랑받다가 여름에야 돌아오곤 했다. 외증조할머니와 외할머니의 극진한 사랑을 받으며, 학생인 두 외숙에게 온갖 어리광을 부리며, 나쁜 버릇만 들 대로 들어서 본가로 온다고 엄니의 꾸지람은 늘 무서웠다. 나는 친가와 외가의 내 여조(女祖)들의 내방 가사를 자장가로 듣고 흉내 내며 자라서 시인이 되었는지도 모른다.

명절날마다 받는 국제 전화 한 통은 손자와 손녀와의 몇 마디가 고작이다. 내가 누린 풍요롭고 호사스러운 문화를 손자 손녀들에게 전해 주지 못해 안타깝다. 아랍 등 여러 문화권에서는 노인 한 사람이 죽으면 도서관 한 채가 불타 없어지는 것과 같다 했고, 문화 인류학의 창시자 마거릿 미드는, 조모 슬하에서 자란 덕분에, 문화의 전승이 광활, 광대하고 깊으나 깊은 인간성 발달에 얼마나 중요한가를, 문화 인류학으로 체계화하여 주장했는데.

손자에게 햄버거 하나 사 주려고, 읍내까지 두세 시간 경운기를 몰았다는 우리 농촌의 조손 가정의 그 문화가, 후대에는 오히려 놀라운 강점으로 발효되기 바랄 뿐. 제사를 비롯하여 명절마다, 아니 당장 다가오는 설날 떡국도 내 손 몫이다. 세뱃돈 줄 손자 손녀도 없는 설날이 어찌 나 혼자이랴마는.

3부

사투리,
고려 적의 우리말

산골에서 자란 덕분인지 나는 암클(글)이고, 하루아침 통싯(뒷간) 글이라고 멸시받던, 언문적 한글에, 특히 사투리 토속어에 남다른 애정이 깊다. 어릴 적에는 날이 저물면, 해가 빠졌다,라고 했다. 어른들은 해가 빠졌으니 얼른 불혀라,고 했고, 나는 석유 등잔에 다황(성냥)을 그어 불을 혔다. 여아라서 여성 가족들의 잔심부름을 하느라고 부엌이 아닌 정지를 들락거렸는데, 그 당시 표준어는 정지 아닌 부엌이었다. 정지 뒷문을 나가면 뒤란에 부추가 아닌 정구지 밭이 있어서, 한 줌을 베어 물에 씻는 심부름을 했다. 아무리 양반 동네였지만, 웃녘 사람들이 상스럽다고 여기는 사투리 토속어, 정지문 밖의 정구지밭이, 부엌문 밖의 부추밭이 되기까지, 나는 고상한 웃녘의 품위 있는 표준어를 연습하며 촌티를 감추어야 했지만, 애쓸수록 더 노출되곤 했다.

아침 하늘이 불그레하면, 아침 뿔새가 꼈다, 했고, 저녁 하늘이 불그레하면 저녁놀이라고 했다. 그런데 지금은, 아침 뿔쌔라는 어휘는 없어져 버리고, 아침저녁의 붉은 하늘을 표준어로는 꼭 같이, 놀,이라고 한다. 아니, 놀도 아니고 노을이라고만 한다.

아직도 경북 북부 산악 지방이나 경남과 호남의 산골 마을에서는 연로한 어른들의 얘기 중에, 불현다, 정구지, 정지,라는 옛말을 들을 수 있다. 이런 토속어를 고려 적 언어라는 이들도 있다. 나는 중학교 적에 소월 김정식의 〈산유화〉에, 갈 봄 여름 없이 꽃이 피네(지네)와, 가을을 갈,이라고 쓴 시에 가슴이 뛰었다. 그 일로, 시는 사투리로 써도 되는 줄도 알게 되어 시인이 되었을까?!

아동기에 이렇게 촌티 나는 사투리를 듣고 자란 덕분에, 고문(古文) 즉 고전 문학 작품을 아주 쉽게 읽고 이해할 수 있어서, 좋은 점수를 얻곤 했고, 1930년대에 동경에서 인쇄된 신 · 구약 성경의 옛날 글자를 쉽게 읽어, 그 시대의 글자에 대한 애정이 남다른가. 이른바, 예수께서 가라사대, 등의 아래아 자로 자음에 점 하나가 찍힌 글자 등이 그리운 어감과 글자체로 그리워지곤 한다. 그 성경 덕분에 서양 역사와 세계 지리 공부도 잘하게 되었으니, 더욱 그렇다.

할아버지, 할머니를 큰아배, 큰어메, 즉 '할'이란, 크다는 뜻의 한밭(큰 밭), 한들(큰 들) 등으로 변음되어, 이어지는 어휘와 순음되어서 할아버지, 할머니로 발음하는 것도 이해하게 되었다. 아버지, 어머니도 아부지, 아배, 어무이, 엄니, 어메, 엄마 등의 다채로운 사투리가 있다는 재미를 즐겁게 음미하곤 했다. 형아도 성아로 발음이 변하는 것이 재미있다. 맏아버지, 맏어머니는 백부모(伯父母)로서 맏이의 '큰'이라는 의미와 아재, 아지매 등과 숙부모(叔父母) 함께 즐겁게 추억되곤 한다. 집안 친척끼리 모이면 어느새 내가 가맣게 잊었던 촌티 나는 옛날 말이 무성해져서 즐거운 분위기로 무르익곤 한다.

중학생 적부터는 웃녘에서 살게 되어 표준어를 사용했지만, 아무리 표준말을 잘해도 영 제맛이 안 나서, 뭔가 제대로 못다 한 느낌에 찜찜했다. 이런 한글 문자를 비교 체험하며 성장한 덕분인지, 말맛 나는 표현과 읽는 맛 즉 호흡의 언어에 민감하게 되어, 언어 문자 예술인 시를 공부하다가 시인이 되었는지도 모른다.

나만의 생각인지는 몰라도, 우리 한글이 표준어만을 강요한 탓에, 어휘 수는 적어도 30% 이상이 줄어들어 버렸고, 다양하고 다채로운 미묘한 맛깔나는 표현은 할 줄 모르게 되고 말았다. 미세한 차이도 안 놓치고 포착해서 제대로 표현하자면 어휘가 많아지게 되고, 어휘 수가 많을수록 고등 언어인데, 표준어만을 강요한 국어 교육으로, 우리 문자 우리말 우리글이 단순하고 쪼그라져 버려 안타깝다. 가끔 몇몇 비평가들로부터 요즘 시인들이 시로 구사하는 단어 수는 초등학교 4~5학년 아동 수준이라는 혹평도 듣는다. 모두가 표준어로 어휘 수를 줄인 탓이라고 화가 난다.

시를 쓸 때 나는, 우두커니와 오도카니의 어감과 뜻과 모양새의 차이를 구별하여, 남자 어른일 경우 우두커니라고 쓰지만, 여자 특히 쪼깨하고 쪼고마한 아이의 경우는, 오도카니라고 쓴다. 그러면 출판사에서는 표준어가 아니라고 사전에 있다는 조그마한, 우두커니로 고쳐 버리고 만다. 그러나 두 어휘의 모양과 어감과 말맛은 얼마나 다른가 말이다. 이런 예가 얼마나 무수한지, 신문에 쓴 글에서도, 일일이 표준어로 새빨갛게 고쳐서 우송해 주는 열심 독자에서부터, S대 교수가 그런 것도 모르느냐고, 준엄한 꾸지람까지하여, 전화통이 불이 날 지경으로 모욕도 여러 번 겪었다. 어쩌다가 우리말이 이처럼 단순 무식해져 버렸을까?

나는 옛날 여인인 내 어머니의 어휘 구사력에 늘 감탄해 마지않았다. 예로서, 보라색의 표현은, 무수한 여러 보라색을 무수하게 다르면서도 알맞게 표현하는 어휘 수가 많아야 하는데, 지금의 표준어로는 불가능하니 말이다. 어머니는 늘 보라색도, 가지보라, 도라지보라, 참꽃보라, 오동보라(오동꽃색) 등으로, 분홍도

뾜또그레, 발그라한, 누렇다는 말을 누리끼리, 누리팅팅, 싯누렇게, 뇌오랗다, 뇌오꼬리, 외꽃노랑 등등으로 적절하고도 오묘하게 표현하여 감탄시키곤 했다. 몰래 뀌는 방귀도 가망방구, 민들레 씨앗도 방귀바람꽃, 즉 방귀 바람에도 날아가는 꽃이라고 절묘하게 표현하던 어머니는, 우리말 구사의 달인, 멋진 시인이셨으니, 시를 쓰는 나는 어머니만큼 오묘하고 맛깔스런 어휘를 말맛 나게 구사하지 못해 늘 안타깝다.

이런 생각은 내가 자아 중심적이고, 유아적인 국수주의자이기 때문이 아니다. 언어 문자는 시대에 따라 자동적으로 변모 변화 변질되기 마련이고, 사라지고 생겨나는 생명성을 가졌으니 안타깝다. 예로서 '계집'이란 말도 조선 초기에는 좋은 뜻이었는데, 지금은 비하적인 어휘가 되고 말았단다. 서울 중심의 표준어 강요는, 서울 밖 다른 곳의 주민들에게는 지방 열등감을 부추긴 결과가 되어, 수도권 인구 집중 현상이나 수도권 문화 선망 등만 초래하게 되었지 않았을까?

시인의 조국이요 시인 자신이요 시인의 삶이자 시인의 목숨이며 시인의 무덤인, 우리의 큰 문자 한글에 대한 애정을 가졌다면, 거의 모든 시인들이 내 주장에 공감할 것이다. 결코 남다르지 않은 이러한 나의 사투리 애정은 다음의 졸품으로 태어났다.

싯누런 삶과 싯누루텅텅한 혼의 냄새라
언어 이상의 말맛과 말귀의 맛이여
원시적 영성 체험의 울림이 긴 곡조이지
눈 코 입 귀가 총동원된다는 사중주 언어이지
일탈적 자아(逸脫的 自我)를 절묘하게 전해 주는 진흙 묻은 호흡이지
울퉁불퉁 흙탕물 튀고 빠지는 음악 이전의 음악이지
아득한 선사 이래 부대끼며 골 깊게 패고 씻기어
맵고 아린 야생의 향기 짙은 주문이지

매끄러운 입술의 품위나 격조와는 혈통이 달라서
더께 앉은 맺결도 거친 때깔로 메아리치며
가슴에서 가슴으로 건너다니는 산울림이거나
코피 터질 듯이 원색 그대로 살아남은 질긴 숨결 그대로의
언문적 신통력이 배어 있는 언어 이전의 마음 언어이지
조선 팔도 이 땅의 강기슭과 멧부리와 언덕과 들판에서
우리 발걸음 휘청거리는 길 없는 길섶에서라도 저절로 씨앗 떨어져
그 씨앗 싹트고 꽃피어 향기 진동할수록
바람 부는 데까지
달빛 번지는 데까지
자오록할수록 되울려 퍼지며 메아리치게 되지.

오래전에 쓴 〈사투리에 바치는 헌사〉이다. 우리말 큰 사전과 표준어 교육에 대한 나의 불만을 이 작품에 다 담아낼 재능 부족을 한탄하며, 아직도 사투리 사전을 만들어 내고 싶은 열정만은 나 홀로 뜨겁고도 뜨거울 따름이다.

다보탑이
사라질까 봐

오랜만에 지갑에서 10원짜리 몇 개가 나왔다. 더 없나? 지갑을 뒤집어 동전 병에 넣었다. 국보 20호인데, 중얼거린다. 요렇게 졸아들었지만 아직 살아 있다는 것만도 다행이지. 언젠가 어느 회의 중에, 한 경제학자가 우리 화폐의 인플레이션(inflation) 현상을 지적하면서 화폐 개혁을 거론하자 나도 모르게 버럭 화를 낸 적이 있다.

왜 그렇게 과민 반응하느냐는 반문에, 나도 모르게, 10원짜리가 사라질까 봐서라고 했다. 10원짜리는 왜요?라고 되묻자, 멍청하니 건너다보다가 다보탑이잖아요, 국보 20호!라고 대답하자,

함께 있던 분들이 다들, 그래요? 몰랐네,라고 했지만, 나는 경주 불국사 마당의 다보탑이 아니라, 십수 년 전에 발표한 시 〈다보탑을 줍다〉의 운명이 10원짜리 구리 동전이라는 생각 때문이었다.

풀 죽어 울적한 때 목고개는 저절로 떨궈져 땅바닥만 보며 걷게 되고, 돈 대접도 못 받는 10원짜리를 줍게 될 때, 국보 20호, 문화재 다보탑인 것을 발견하게 되어 썼으니, 당시에는 공중전화에도 사용되었는데, 이제는 아무짝에도 쓸모없어, 동전 통에 던져 넣는 10원짜리가 되고 말았다. 만드는 값이 더 비싸다는 이유로 졸아든 10원짜리가 새로 나왔을 때는 너무너무 화가 나서, 한국은행 아니 한국 조폐 공사에 항의 전화라도 걸어 고래고래 소리 지르고 싶었는데. 그나마 다보탑은 그대로 새겨져 있다고 위로받기도 했으니까.

이 작품을 두고 시인들은 10원짜리의 부활이라고 했고, 세기가 바뀌어도 기발한 작품이라거나 교과서와 참고서 등에 등재 인용되어, 몇 푼의 인세라도 받는 날은 안 먹어도 배가 불렀는데. 시집 《다보탑을 줍다》가 출판되어 신문에 소개되자, 은행 창구 직원은, 우린 매일 몇 자루씩 처리하면서도 한 번도 다보탑이라고 생각해 본 적 없었는데!라고 감탄을 들려줬지. 지금도 이런 찬사를 떠올리면 기분이 좋아지고, 퇴계의 천 원짜리나 율곡의 오천 원짜리는 물론 만 원권의 세종대왕 초상화보다 내겐 더 가치 높은데 홀대받으니 너무 속상해, 이러다 사라지고 말면 어쩌나 가슴 조여진다.

고개 떨구고 걷다가 다보탑(多寶塔)을 주웠다
국보 20호를 줍는 횡재를 했다
석존(釋尊)이 영취산에서 법화경을 설하실 때
땅속에서 솟아나 찬탄했다는 다보탑을

두 발 닿은 여기가 영취산 어디인가
어깨 치고 지나간 행인 중에 석존이 계셨는가
고개를 떨구면 세상은 아무 데나 불국정토 되는가

정신 차려 다시 보면 빼알간 구리 동전
꺾어진 목고개로 주저앉고 싶은 때는
쓸모 있는 듯 별 쓸모없는 10원짜리
그렇게 살아왔다는가 그렇게 살아가라는가.

〈다보탑을 줍다〉를 암송하면, 번쩍이고 높아지는 삶보다는 작아지고 낮아지고 깊어져야 더 잘 사는 삶이 된다고, 새삼스럽게 성찰하게 되고, 이 작품을 쓸 때 떠올랐던 미국 화폐 중 링컨의 얼굴은, 왜 하필 최하 단위의 1전짜리에 새겨졌을까? 그 의미를 되짚어도 보게 된다. 올해도 10원짜리 정도로 살았나? 아니, 그저 10원짜리 동전쯤으로 살고 싶어지기도. 너무 작아서 손가락 사이로 흘러 버리는 빼알간 구리 동전 10원짜리! 부디 오래오래 살아남아 다오.

귀 먼저

이목구비(耳目口鼻)의 구시대는 가고, 눈코입귀의 신시대가 되었나? 길거리나 전철 버스에서도 휴대폰 등에 눈을 고정시킨 승객이 많다. 보는 것이 믿는 것(Seeing is believing)이라던 서양 속담이 맞는가? 일하면서 라디오를 듣던 시대는 가고, 눈을 독점하는 TV 시대와 함께 혼신을 독점하는 시각 시대로 바뀌고 말았다. 라디오 시대에 귀로 들으며 머릿속에 그려지던 상상력은, 같은 내용을 듣고도 저마다 다른 걸 상상하는 창의성으로 더 진화 · 발달되진 않았을까?

마더 데레사 수녀님이 기도실을 나오자 한 기자가, 뭐라고 기도했습니까?라고 물었단다. 수녀님은 듣지요, 하고 대답했고, 한참 만에야 겨우 말뜻을 알아차린 기자가 또 물었단다. 그분은 뭐라고 하시던가요?라고 묻자, 그분도 듣지요,라고 대답했다는 일화가 전해진다.

신의 방식은 침묵이니, 사람은 그저 들을 수밖에 없는데도, 신의 말씀을 알아들으려 하지 않고 내가 바라는 바를 고해바치는 기도만 한다. 지극히 초보적인 떼쓰기식이다. 침묵하시는 신의 대답을 들어 내는 경지에 도달하기 위해서 묵상을 하지만, 묵상한다면서도 끝도 없이 중얼중얼하는 스스로에 놀란다. 무엇을 바라는지 잘 아시는데도.

종교의 차이도, 크게는 시각과 청각의 중심이 될까? 이른바 문명도, 그리스 중심의 보이는 신상(神像)을 만들었던 헬레니즘과, 무한의 신을 어떤 형상 안에도 가둘 수 없다는 헤브라이즘이 바로, 시각과 청각의 차이로 비롯되었을까?

우리의 옛 문화는 이목구비 즉, 귀 먼저,를 권장한 특징이 있다. 중국의 한자 문화를 비롯한 아시아 문화가 그렇단다. 이른바 먼저 듣고 나서 말하기와, 듣고 보기를 장려한 듯 보인다. 이비인후과 병원도, 눈코입귀 전문 병원이어야 할 텐데. 귀는 눈이나 입과는 달리 여닫을 수 없어 항상 열어 두는, 잠자면서도 듣도록 만들어졌다. 귀를 마음의 창문으로 하면 총명할 총(聰) 자이고, 귀를 따르면 지혜가 솟구친다는 용(聳) 자이고, 귀를 입보다 앞세우는 왕은 성인 성(聖) 자를 얻었다는 생김새가 그렇다. 말실수로 파면당한 고위 관리를 보면, 장부(丈夫)의 한마디는 천금(千金)보다 무겁고, 여장부(女丈夫)의 한마디는 만금(萬金)보다 무거워야 한다던 어른들 말씀이 생각나고, 세 치 혀 밑에는 도끼날이 숨었다,는 속언도 떠올라 몸서리치게 된다.

듣고 나서 말하라고 모든 종교 경전이 그리도 강조하는데도, 교직 평생의 나는 귀보다 입이 늘 빠르다. 그래서 미안하다,를 입에 달고 산다. 다변하다는 여성은 귀보다 입이 앞서는 특징을 보인다는데도, 여성은 남성보다 청각적이란다. 몰래카메라 촬영의 주범이 주로 남성들인 점 등에서 남성들은 확실히 시각 위주라고 할 수 있다. 물론 시각을 너무 의식하는 외모 지향적 여성들도 많지만, 아무리 여성의 차림새가 시각적이라 하더라도, 목소리 소곤거림 콧소리 등등 청각 자극에 여성이 더 민감하다면 나의 편견일까?

성별 나이 가리지 않고, 귀가 큰 사람이다, 입이 없는 사람이다, 입이 무겁다,라는 언급이 새삼스럽게 소중한 칭찬으로 여겨진다.

오늘의 성공

하도 성공을 강조하는 시대라서 성공이라는 말도 자주 듣는다. 그러나 성공, 하면, 저절로 〈성공〉이라는 시부터 생각난다.

자주 그리고 많이 웃고
지적인 사람들의 존경을 받으며
아이들로부터 사랑받으며
정직한 비판에 감사함을 얻어 내는 것
거짓 친구의 배반을 견디는 것
아름다움을 식별할 줄 알고

사람에게서 최선을 발견하는 것

……

자신이 한때 세상에 살았음으로 해서

한 사람의 인생이라도 행복해지는 것

……

등등이 성공이다.

－〈성공〉, 랄프 에머슨

짧게 옮기느라 생략도 했지만, 평범하고도 진실한 이 시는, 젊은 날 꿈이라는 미명으로 웅대했던, 그래서 허황되기도 했던 부끄러움을 깨우쳐 주면서도 위로해 주고, 다시, 지금 다시 성공에 이를 수 있다는, 또는 이미 얼마쯤은 성공에 닿았다는 기쁨과 용기도 준다. 특히 아이들의 사랑을 받는다는 구절은 절창이다. 아이 같지 않으면 하느님 나라에 들어갈 수 없다고, 아이들이 와서 시끄럽게 떠들고 장난치는 것을 막지 말라고 했던, 약관 30대 초반의 총각 예수가 가슴을 치며 사모치는 순간을 마련해 주기도 한다. 아이! 그 아이 됨이 얼마나 어려운가. 하물며 그런 아이들의 사랑을 받기란 얼마나 더 어려운가.

가끔 TV에서 〈레 미제라블〉을 시청하며, 제 몸 하나 숨기기 어려운 도망자 장 발장이, 제 딸도 아닌 어린 코제트를 비싼 값에 사서 데리고 다니는 모습에서 가슴이 저려 온다. 휴머니즘의 구체적 모습은 저런 것이라고. 아이들! 우리의 속언은, 대가 끊어져도 애 우는 소리는 싫다,고 했다. 단잠 훼방하는 아이들 울음소리는 물론, 행복한 때 들리는 아이들 소리와, 짜증 날 때 들리는 아이들 소리는 정반대 아니던가. 하물며 내 자식도 아닌 남의 아이들이 떠들어 대는 소리인들 좋으랴. 초 · 중학교 근처의 집이 반호감적인 이유이기도 하다.

내 아이들이 어렸을 때, 종일 아이들에게 시달려 파김치가 된 어머니는, 오늘도 1,000번 더 울었고 100번 더 웃었다고, 제발 어디 뭐든 가르치는 데를 찾아보라고 하소연도 하셨지. 어린이집이 없던 그 시절이었으니까. 세상에 무슨 꽃이 애들보다 더 고우랴, 하시던 분도 손주들에게 얼마나 시달렸으면.

아이들이 좋아하는 그 사람은 아이의 성품이다. 아이 같지 않으면 아이들을 참아 내지 못한다. 아이보다 더 힘들게 하는 아기는 더욱 그렇다. 때와 장소 안 가리고 제 요구만 강요한다. 비행기를 타면 아이 딸린 부모들 자리는 항상 별도이고, 값비싼 특석을 찾는 이들을 이해할 만하다. 나도 아이 옆자리가 싫다. 아이는 인간의 가장 완전한 모습인데도 말이다.

그럼에도 모든 아기는 사랑스럽고 귀엽다. 잠시 잠깐이지만 울고 떼쓰지 않고 방긋방긋 웃는 아기를 보면, 안아 보고 싶고 얼러 주고 싶고 뽀뽀해 주고 어루만지며 같이 놀고 싶어진다. 그리고 아기와 어울리려면 나를 최대한 낮춰서 아기의 얼굴 높이와 수평이 되게 하고, 아기의 눈에 내 눈을 맞추며 내 표정도 아기 표정처럼 하고, 내 언어를 아기의 언어로 바꾸어 얼러 주고 대답하며, 아기의 웃음으로 웃어 주는 등등 최대한 아기 방식으로 몸짓하며 놀아야 한다. 즉 아기가 되어야 한다는 말이다.

이렇게 나의 모든 것을 최대한 아기의 기준에 맞춰야 하는데, 이렇게 하는 것이 아기를 최대한 존중하고 사랑하는 것이 된다. 그래서 아기 부모는 아기를 늘 더 높은 데 앉히고 아기 되어서 아기를 추켜 세워서 놀아 준다. 도리도리 짝짜꿍 곤지곤지 까꿍 등은 말할 것도 없고, 목말 타기 등말 타기 등등 모든 놀이에서 아기 위치를 가장 높고 편하게 해 준다. 놀고 있는 중에도 아기가 더 행복해지기를 바라는 것이니, 돌보는 중에 저절로 자기가 행복해지면 아기를 닮아 가는 성공에 가깝다고 할 것이다.

늙으면 아이가 된다고들 한다. 아이처럼 단순 소박하고 잘 웃고 즐겨 나누라는 말 아닐까? 그래서 아이 같은 다소 징그러운 어른을 숙맥(菽麥), 즉 녹두-보리도 구별 못하는 고대 중국의 어느 바보 같다고 했으리. 숙맥 같다,거나, 숙맥 짓이나 한다는 등, 실속 없는 사람. 좋게 본다면 아무것도 아닌 것에도 만족하고 행복해서 잘 웃고 누구와도 잘 어울리는 좋은 성품이 아닌가.

노년에 아이같이 천진한 작품 세계를 보였던 피카소는, 그의 전시회를 취재 온 기자가 애들 장난 같다,고 촌평하자, 그렇다! 아이 되는 데 80년이 걸렸다,라고 했다는 그의 유머와 진심이 이미 아이로 돌아감의 증거이리라.

아카시아 꽃향기가 하도 좋아 동요 〈과수원 길〉의 아카시아꽃이 저절로 불러졌다. 이어서 생각나는 대로 동요 몇 곡을 혼자 불러 가며 늦은 밤 아파트를 걷고 걸었다. 아이 된 듯 행복해져 들어와 단잠을 누렸다. 오늘의 성공 아닐까.

한글,
평화 통일의 희망이다

몇 년 전, 겨레말 큰 사전의 연구 제작에 이사로 참여한 적이 있다. 언어학자가 아니어도 시인이기 때문에 천거되었을 것이다. 임기 중에 정권이 바뀌면서 그렇듯 희망적인 큰 사업은 재정적 지원에 위기가 왔고, 한시적(限時的) 사업으로 직원들의 봉급 지원이 몇 달이나 중단되어, 직원들의 사직이 잇달았고, 가뜩이나 한시적이었던 사업 시한은 더욱 단축, 축소되었다는 이야기를 듣던 중에 임기는 끝나고 말았다.

나는 그 사업의 명칭인 겨레말 큰 사전,이라는 이름도 좋았을 뿐만 아니라, 이어서 남북한의 방언 즉 사투리 사전, 팔도 사투리의 현황과 유래, 문학 작품에 나타난 사투리 등등의 다양하고 다채로운 연구로 연결되고 확대되기를 제안했다. 그리고 부디 성사되기를 간절히 바라면서 가슴이 부풀었다. 현재 수집된 우리의 아리랑만도 500~800여 종이나 되는데, 지방마다의 민요 자장가 속요를 비롯한 명절 차이와 민속놀이 등의 연원까지 추적 연구하면, 차이 극복의 지름길인 상호 이해와 화합의 기본인 정서와 정감의 통일이 앞당겨질 터인데…. 그러나 나의 꿈과는 반대로 사업은 계속 단축 축소되고 임기는 끝나서 아쉬운 채로 이후의 결과를 알 수가 없었다. 다만 겨레말 큰 사전 사업은 남북한이 동족(同族)에다가, 동일 언어(同一言語), 한글이라는 동일한 말과 문자를 사용한다는 현실을, 통일의 최우선적이고 유일한 강점으로 보았다는 혜안에 감동되었었다.

보고받은 바에 의하면, 이 연구를 위해 남북한의 연구원들이 수차례 만나서 큰 사전의 순서를, 가나다라마바사아자차카타파하, 로 합의했고, 쌍기역을 비롯한 된소리의 글자 위치를, 그 사전의 마지막으로 할 것인지, 동일음의 다음 자리로 할 것인지를 결정하는 일은 남겨 두었다고 했다. 또한 내가 그 연구소에서 처음 보았던 북한의 우리말 사전은 남한에서 나온 한글 사전, 우리말 사전이나 국어사전과는 비교가 안 될 정도로 빈약하다는 사실에 가슴 아팠다. 자칫 우리 한글(말과 문자)이 각기 다른 길로 갈라져서 다른 언어가 되어 버리면 어쩌나 하는 두려움과 걱정이 되고는 했다.

모국어 한글은, 동족의 동일한 혼백이며 공통의 정신이자 정서이고 모든 심리적 특성의 공통된 본질이자 정점이라고 생각한다. 언어(말과 문자)는 존재의 집이기 때문이다. 언어가 같으면 생각도 생각하는 방식도 심성도 같아진다. 따라서 이 점은 예술이면서도 음악이나 그림 등 여타의 분야와는 다르게, 모국어로 된 문학 분야의 특수성과 자부심이 아닐 수 없다고. 일제 강점기 우리 예술가들의 친일 논란은, 바로 문학이라는 분야가 민족 언어(말과 문자)이기에, 타 분야 예술보다 가장 문제시되는 이유가 되는 것이라고 생각한 적도 있다.

역사적으로, 한반도에 가야국까지 포함시킨다면, 사국 시대(四國時代)도 있었지만, 동일 언어를 사용했기에 통일이 쉽게 성취될 수 있었을 거라는, 어쭙잖은 나의 사관(史觀)도 시인이었기에 가능했을 것이다. 무력이나 경제력으로 이룩되는 통일은 통일일 수가 없지만, 같은 언어 문자를 사용해 온 오랜 역사적 배경은 통일 성취에서, 그 무엇보다 강력한 힘인 동일 문화의 바탕이라는 탄탄한 기반이 되기 때문이니, 의외로 빨리 쉽게 앞당겨질 통일도 기대하게 되지 않는가.

탈북자들이 늘어나고 새터민으로서 남한에 적응 과정이 비교적 용이한 것도, 바로 같은 언어 문자 한글을 사용하기 때문이 아닐까. 우리가 이웃의 강대국들 틈에 끼여서도 독자적인 문화 민족으로 존속 발전해 온 것도, 바로 이웃 나라들과는 다른 언어 문자를 가진 민족이기 때문인데, 우리끼리 즉 동일 언어 문자인 한글을 사용하는 동족이 되는 것도 바로 한글 덕분인데 말이다.

일제 강점기 내선일체를 내세운 일본이 한글 말살 정책을 강요한 것도 언어 문자를 빼앗아 없애는 길이 우리의 독자적인 혼백을 지워서, 가장 빠르고 효과적으로 일본화되는 방법이라고 알았기 때문이었으리. 언어 문자는 생활 방식 나아가선 삶의 방식과 존재 가치 가치관 세계관 등 모든 것을 바꾸는 지름길이다.

언어 문자가 같으면 생활 방식이 동일해지고 사고방식도 비슷해진다. 이는 언어의 차이가 만드는 문화의 차이 국민성의 차이로, 확대 확장 심화되고 지속되기 마련 아닌가. 앞서 언급한 바와 같이 과거 일제 강점기의 조선어 말살 정책이 바로 이 점을 노린 게 아니었던가. 이는 민족 차이 극복을 위한 통혼(通婚) 정책보다 더 강력한 통일 조건이 된다. 그래서 피부색, 종족, 배경, 종교 등 여러 차이를 극복하여, 동일 국가를 이룩하게 된 이민자들의 집합 국가들도, 같은 언어 사용으로서 한 국가와 한 국민의 정체성을 형성하게 되었지 않는가.

고조선 시대에도, 여러 부족 국가였던 부여 시대에도, 우리는 같은 말을 사용했지만 그때는 같은 문자 한글이 없어 중국 문자 한자를 사용했다. 절반만이 같아서 그나마의 덕분에 여러 부족 국가들은 고구려 하나로 뭉칠 수 있었고 신라 백제까지 삼국 통일도 용이했으리라.

이렇게 동일한 언어 문자를 사용한다는 것은 모든 차이를 극복하는 최강점이자 최우선 조건이 되는데, 우리 남북한은 바로 이런 최강점이자 최우선 조건인 한글이라는 동일한 알파벳을 사용하고 있으니, 평화 통일의 기대는 낙관적이 아닐 수 없는데. 북한의 국어사전 한글 사전의 연구가 부진하고 빈약하단다. 그러나 남한의 국어사전 한글 사전 등 그 명칭이 무엇이든 간에, 겨레말 큰 사전으로 잘 만들어지면, 북한 주민도 사용하지 않을 수 없을 것이다. 따라서 분단 탓으로 생긴 표기상 약간의 차이로 나타나는 방언 등, 발음이나 외래어나 표기상의 차이도 비교적 극복되기 쉽지 않을까. 따라서 남북한 간의 언어 소통이 가능하다는 이 강점과, 최우선의 통일 조건은, 남한의 문학 작품과 북한의 문학 작품이라는, 깊고 넓은 소통 통로를 더욱 확장 확대시켜 주지 않겠는가 말이다.

시인으로서 내게는, 우리 교육의 표준어 강요에 대해 강하고 지속적인 불만이 누적되고 있다. 독자적인 언어의 표현은 어휘 양이 많을수록 다양할수록 다채로울수록 강점이 되는데, 왜 표준어라는 한정된 제한적 어휘 양으로 단순화를 강요하는지? 표준어 교육을 중단하고 폐지하자는 말이 아니라, 표준어 교육과 함께 다양하고 다채로운 사투리와 그 유래까지도 더불어 가르치면, 그만치 우리의 정신이 확대 확장 심화되고, 역사와 민속의 가치까지 저절로 다채롭고 다원적이 되고 더 확장 확대된 가치를 존중하게 될 터인데. 따라서 이 모든 다양성을 통합하는 미래 지향적인 교육이 될 수 있을 터인데.

또한 서울 즉, 중앙 지향 심리도 없어지고, 각 지방과 각 지역의 가치가 존중되고, 타인이 배려되고, 소수 의견과 다름의 가치도 존중되어, 그야말로 우열 의식 순위 의식도 사라지고, 다양성 다채로움의 차이도 저절로 존중될 텐데. 평등과 상호 존중 상호 이해라는 가치 교육도 더 잘될 수 있을 텐데도. 표준어와 토속어 병용 교육이 이루어지면, 정부의 여러 부처가 지방 분산으로 시간과 비용이 낭비될 필요도 없어지고, 지방도 중앙처럼 존중되어, 국민 윤리 도덕규범 가치 교육이 별개로 있을 필요가 없어질 텐데.

이렇게 한글의 표준어와 토속어 병용 교육은, 각자 다른 개인은 물론 여러 이해 집단 간에도 동등 의식에서 동족 의식으로 발전되고 강화되어, 언어를 통한 평화 통일도 앞당겨질 뿐 아니라, 통일 이후의 화합과 정치적 경제적 갈등 차이도 최소화시킬 수 있어 통일 이후의 대비책도 되지 않을까? 종족이 달라서, 사용 언어가 달라서 갈등이 유발되는 예는 여러 나라에서 야기되어 왔지만, 동일 언어를 사용하는 남북한의 동족 간 갈등은 너무나 기막힌 어처구니가 아닐 수 없다. 더구나 이념이라는 허구 허상이 사라진 이 시대에는 더욱더 말이다.

세종대왕이 남북한 모두의 세종대왕이고, 이순신 장군이 남한만의 이순신 장군이 왜 아니며, 소월 김정식의 시가 북한 사람들만 애송하는 시가 아니지 않는가. 따라서 한글이 정치 경제 군사 등 그 어느 길보다도, 문학 작품의 탐독과 향유가 더욱 빠른 평화통일일 수밖에.

영변에 약산/ 진달래꽃/ 아름 따다 가실 길에 뿌리우리다.

이 〈진달래꽃〉의 소월 김정식과, 아래 시조 〈한산섬 달 밝은 밤에〉의 이순신이, 서로 다른 나라의 시인과 장군이 아니고, 북한의 한글과 남한의 한글이 서로 읽혀지지 않는 다른 언어 문자가 아니지 않는가.

한산섬 달 밝은 밤에 수루에 혼자 앉아
긴 칼 옆에 차고 깊은 시름 하는 적에
어디서 일성호가는 남의 애를 끊나니.

이렇게 남북한 모두가 한글로 남겨진 시와 시조로서 공감되는 한글 문학 작품이지 않는가. 이래서 한글이라는 언어 문자가, 평화 통일의 지름길이고, 이래서 문학 작품이 더욱 평화 통일의 지름길이라고.

사랑마다 첫사랑인데,
사랑 시는 왜 써지나?

우리 옛적 학교에서 돌아오다가

철로에 귀 대고 기차 소릴 들어 보면

기차 오는 소리보다 더 크고 더 빨리

앙가슴이 뛰었지

안타까워라, 이제는 그 무엇이

그때처럼 이 가슴을 뛰어 울려 주랴.

이 〈기차 소리〉가 써졌다. 나는 기찻길도 없는 산골에서 자랐다는데도 말이다. 그런데도 이 소품을 왜 썼는지도 모른다. 그럼에도 산길 들길 물길을 다 거쳐야 하는 먼 등하교 때에 기찻길을 넘어 다니는 놀이를 즐기며, 철로에 귀를 대고 기차 오는 소리를 들어 내던 어린 시절이 있었으면. 그런 시절을 누렸던 누구들이 있었으면 바랐던 바가 써진 것이리라.

작품은 직 · 간접 경험보다는 상상력(제3의 경험)이 쓴 창작이고, 없는 것을 지어내는 거짓말로 참말하고 싶은 소망 아닌가. 그러나 거짓말이라고 치부해 버릴 수만은 없는, 지나가 버린 시절을 붙잡아, 새로 구축해 내고 싶은 진실 이상이고, 시인의 권리이고 자유 아닐까. 까까머리 시골 소년들과, 단발머리 소녀 적의 추억이기보다는, 그 나이 때의 바람이 아닐까.

첫사랑?! 이 아리송하여 달콤 새콤 쌉싸름한 한마디 단어가 있어, 무수한 사랑 시를 쓰게 되었을까? 없었다면 상상해서라도 기막히게 만들어 내는 가짜가 문학이고 시니, 더욱 아니 그러하랴. 첫사랑이란 왜 꼭 있었어야 했을까? 없어서 더욱 아쉽고 후회스러워지는 것이 사랑 아니겠나. 모든 사랑은 첫사랑인데, 왜 그리도 첫, 첫… 하며; 무겁고 소중한 의미를 강조하는 억지 부리기에 매달릴까? 누구와 어디서의 추억이었을까? 상상에 지나지 않았을까?의 여부는 분명하게 가릴 수가 없지만, 여러 편의 연가(戀歌)를 쓰게 될 때마다, 거짓말을 너무 자주 하는 게 아닌가 한다. 나의 시 쓰기 기법이, 거짓말로 참말하기,라고 선언해 왔고, 진실을 강조하느라고 몇 해 전에는 《거짓말로 참말하기》라는 제목의 신작 시집을 낸 바도 있지만, 모든 사랑 얘기나 사랑 시는 과장 수준을 넘어선 얼토당토의 허구(虛構) 아닌가. 사랑이란 실제보다, 사랑,이라는 어휘에, 〈사랑〉이라는 글자에 매료되었을 게다. 게다가 〈첫〉이라는 모자까지 씌운 말이 첫사랑이니까.

궁극적으로 시는 연가 아니면 애가(哀歌) 또는 만가(輓歌)라고도 하니까. 더구나 우리말의 반어적 표현은, 거짓말로 참말하기니까. 따라서 내가 써 온 연가도, 거짓말에다 갈망이나 후회 등을 담아낸 창작에 불과하다고 고백한다. 누군들 다르랴? 더욱이 기억이라는 추억이라고, 왜곡, 변형되는 특징과 속성을 고려한다면, 첫사랑이야말로 진실 아닌 거짓 허위 날조에 불과할지라도. 그러므로 첫사랑이라는 아득한 그 옛날의 달콤 새콤 쌉싸름한 아름다움(?)으로 살아 보고 싶은 소망이나 회한에서, 가장 극적으로 창작된 것이라고. 이는 시인으로서의 정직함이자 진실한 고백일 게다. 따라서 내가 써 온 모든 사랑 시(실연 시를 포함)야말로, 분명 주 대상으로는 누군가 있었을 듯도 하다면, 일단 그 시는 이미 시로서는 성공이지만, 실제로는 전혀 아닌 경우가 오히려 많았을 거라고.

사랑마다 처음 체험하는 눈먼 황홀이었다고, 읽으며 감동받았던 명작의 주인공들까지, 자신의 연인으로 착각 왜곡 변형 각색

되고 로맨스로 반죽되어, 진정 바라 왔던 완벽한 주인공으로 창조되는 듯도. 따라서 그 누구도 아니었으나 그 누구들도 다 되어서, 어느 한 사람일 수 없는 또는 완전히 완벽한 모델의 실제 인물처럼, 한 편의 연시로 태어나게 되는 듯도 하지. 누구라도 나만의 그대가 되게 해 주는.

작품은 실제보다 상상으로 만들어지니까. 그 상상력을 제3의 체험 또는 경험이라도 하면서, 그렇게 저렇게 요렇게 거짓말이 분명하지만, 다 거짓말이라고 치부 매도해 버릴 수만은 없는, 왜냐하면 감정적으로는 이미 체험이 되어 버린 상상이니까, 버리기에는 아깝고 채우기에는 아쉽고 모자라는, 진실로 상처뿐이던 젊은 날, 허비해 온 세월을 보상해 줄 만큼이라도 창작해 내고 싶으니까. 없는 이를 만들어서라도, 없었던 사건을 꾸며서라도, 되돌릴 수 없는 생애를 변명하고 합리화하여 번듯하게 날조해 내고 싶으니까. 그래서 누군가의 무엇을 첫사랑 사건 삼아서, 쓰고 써도 다시 써진다고.

나는 많이 읽어 온 자서전도 위인전은 더구나 믿지 않는다. 상당 부분이 과장 각색 창작되었을 테고, 저자나 필자나 의도에 따라 180도 달라질 수도 있으니까. 더더구나 어떤 위인들이나 예술가들의 사랑 사건은, 거의가 허위 날조라고 여겨 왔으니까. 나도 다만 살아온 텅 비어 떠올리기조차 거부하고 싶은 무미건조했던

지난날에 분노한 나머지, 꼬투리를 비틀어 버린, 허위 날조에 더 의지하고 싶어, 어거지를 부리는지도 모른다.

이는 시인으로서 누리는 권리와 자유라고 억지 부리면서. 내 인생을 내 언어로 재창조하는 유일한 방법이고, 선택하여 쓰는 언어 예술가의 자유라고. 그렇지도 못하다면 돌아보는 인생은 너무도 억울하니까. 그럴 권리와 자유가 허락되지 않았다면, 왜 시인의 길을 선택했겠나. 아무것도 아닌 시에 기쁘게 매달려 살면서, 그럴 권리와 자유조차 누리지 못한다면 너무 잔인하고 너무 가혹한 인생이지 않느냐고. 모든 사랑은 지순 지고하게 시작되어서는, 정반대로 끝났기 십상이니까. 삼사류 코미디 추문에 불과했을 수도 있으니까. 그래서 지순 지고했던 기억만을, 만들어서라도 추억하고 추억이라고 강요하고 싶을 듯. 이래서 이런 시각에서 이때껏 써 온 모든 시는 진실이지만, 시적 수사 기법이 만들어 낸 거짓말로 참말[갈망(渴望)]하기였으니까.

머리에 꽂아 주던 물봉숭아 분홍꽃이
물수제비뜨던 소년의 강물이
보낸 적 없는데 가 버렸다 하지 마라

흐르며 머물러 깊어지는 깊이라네

여전히 물속에는 달 뜨고 별도 뜨고
예대로 물비늘 쉴 참 없이 웃어 쌓는데
가기는 어디로 갔단 말이냐

날마다 불타는 낙조에 입은 화상이
생피냄새 비릿한 배반에 맛 들이는 황홀이
다 저녁의 갈대 머리 바람 빗질이
다른 생애에도 딴 길로는 가지 마라

이별에는 한 생애가 턱없이 모자라서
사실보다 찬란한 허구일 수밖에는
생시보다 점점 더 생생해지는데.

〈추억도 환상이다〉라는 이 허위날조도 마찬가지. 어디서 만났을까? 단발머리 나풀거리던 초등학생 때였다면, 등 · 하굣길 징검다리 건너다니던 냇가에, 아무렇게나 피고 지던 연보라색 물봉숭아꽃 한 송이 따서 던져 주었던 누구였을까? 낙동강 상류, 물귀신이 살고 있다는 깊은 소(沼)에다 조약돌을 던져서 물꽃을 잘 피워내던 소년, 웃녘말(서울말)로는 물수제비 잘 뜨던 까까머리 머시매였을까? 바위에 올라서서 나 지나가기를 기다리다가, 보란 듯 묘기를 보여 주던 순진한 산골 소년이었을까? 뜀박질로 다니던 하굣길의 가지가지의 기억들도 있었음직하지만, 가을 시제(時祭) 때 콩가루 시루떡 널찍한 조각을 숫기 없는 나 대신 받아서 건네주던 일가친척 중 누구였을까? 워낙 수백 년 번창해 온 외성받이 동성동본의 씨족 마을들 고장이었으니까.

청춘이라는 말이 가장 잘 어울리는 대학 시절이었다면, 아동기를 함께 자라 온 마을의 일가친척 중에 누구였다면, 어르신들 말씀대로 12촌 이내의 지친은 아니었으나, 위아래 마을 또는 큰 종택, 작은 종택 중심의 이웃 마을들이었다면, 바로 그 시절의 머시매가 자라서는, 그 시절의 여아를 그대로 닮아 자란 나를 사랑하기는 쉬웠을 때이지만.

그 시절도 데이트라는 말이 있긴 있었던가 몰라. 우리 모두가 서울 유학길에 올라, 청춘을 향유하고 싶었던 대학생 적 그때였다면. 전혀 다른 곳에서 자란 낯선 누구였을지도 몰라. 아니 현재 여기 이 도시에 살고 있는지도 몰라. 왜 이렇게 초등학생 촌뜨기 시절을, 오가며 흘깃거리며 친척으로, 또래 동무로 자라 같은 도시에서, 서로 다른 대학을 다녔을 거라는, 우연 이상의 인연으로 상상하고 싶은지, 이것도 상상일까? 환상일까? 모든 기억은 기억 너머의 아름다운 추억이기를 바라는 착각이고 싶을까? 사랑이란 실제보다 사랑이라는 단어에 더 의미를 두고, 단어 자체를 강조하고 싶어지는 강력한 요구가 상상이나 환상을 아름답게 창작하고 싶어서일까? 사랑이라는 모호한 단어를 사랑인 줄 착각하고 사랑했을 테니까.

나는 대학 시절 전공이 아닌 시(詩)를 외톨이로 습작했고 시에 몰두해서 졸업하는 그달에 등단했다. 따라서 등단 사실을 학과의 누구에게도 친구나 가족들에게도 알리지 않았다. 괜히 쑥스러워 그랬을 테고, 등단 이후 앞으로가 더 막막해서 그랬을 테고, 또한 내 전공이 문학 아니어서 다들 우습게 여길까 봐 그랬으리라. 그럼에도 나와 내가 쓴 시를 사랑해 주는 누구 하나쯤은 있어, 내 등단을 축하 격려하고 기뻐해 주었으면. 그러나 아무도 없었다. 그래서 나는 그렇게 해 줄 누구를 창조해 내지 않을 수 없었으리. 고비 사막, 사하라 사막, 시나이반도의 검은 돌맹이 사막 같았던 내 청춘을 용서할 수 없어서, 없는 연인을 만들어 사랑과 배신의 연시를 쓰게 되었는지도.

아지랑이 눈빛과
휘파람에 얹힌 말과
강물에 뿌린 노래가, 사랑을 팔고 싶은 날에
술잔이 입술을
눈물이 눈을

더운 피가 심장을 팔고 싶은 날에도
프랑스의 한 봉쇄 수도원 수녀들은
붉은 포도주 '가시밭길'을 담그고
중국의 어느 산간 마을 노인들은
맑은 독주 '백년고독'을 걸러 내지
몸이 저의 백 년 감옥에 수감된
영혼에게 바치고 싶은 제주(祭酒)
시인을 팔고 싶은 시의 피와 눈물을.

〈사랑, 그 이상의 사랑으로〉 역시 이 작품은 삭막했던 청춘에 보복하느라고, 나를 기망했고 또 내가 기망했고, 서로가 배반해 온 그런 때가 있었다는 것에, 분노하고 용서하고 잊어 털어 버리려고 썼는지도. 그것이 첫사랑이었는지 두세 번째 사랑이었는지 굳이 가려서 어쩌자는 건가. 나는 올드미스 시절도 너무 길고 길었으니까.

또 나는 술을 못 마신다. 내가 아는 한은 우리 집 삼대를 거치는 중에 나의 체내에는 반알코올적인 유전자조차 생긴 듯. 그럼에도 내가 신작 시집을 냈다고, 함께 합평회에 모이는 어느 여성 시인이, 프랑스제 붉은 포도주, 가시밭길 한 병을 가져왔다. 참으로 시적인 이름이어서, 가시밭길,이라는 수도원의 삶에 감전된 듯 시로 쓰지 않을 수가 없었다. 한 번 들어가면 세상으로 못(안) 나온다는 봉쇄 수도원에서, 수녀님들이 손수 담가 하느님께 미사드릴 때나 쓰거나, 후원자들에게 사례할 때 드렸던 붉은 포도주를 왜 하필, 가시밭길,이라고 이름 지었을까? 짐작되기도 안 되기도 했으나 사춘기 적 나도 수녀가 되려 했었고 비구니도 되려 했었지.

중국을 다녀온 어느 분이 가져온 술 한 병을 구경했는데, 그 이름이 백년고독,이었다. 어느 산골 노인들이 만들었을 거라는 그 술을 알고 난 후, 중국에 갈 때마다 묻고 찾아도 구하지 못한 술이 백년고독이었으니. 우리는 모두 이 세상에서 백년고독의 일생을 살다 가는 백년손님 아닌가. 그 어떤 표현이 백년고독! 그보다 더 시적일 수 있으랴. 나그네 인생은 백년고독일 뿐인데.

강가에는 함께 서도 말을 잃는다
헛배 부른 빈 도가지 슬픈 꿈도 사라지고
욕망을 다 떨친
깡마른 갈대로 서서
서리 쓴 채 듣는다
서로가 사랑했고
서로가 배반했다

비로소 들리는 가슴 안 강물 소리

강가에는 함께 서도

이별할 수밖에 없다.

〈강물 소리〉라고 제목 했다. 아무리 아름다운 사랑도, 사랑과 배반이 범벅된 욕스럽기 그지없는 부분이 왜 없으랴. 더 많이는 그렇지 않으랴. 아름다움만은 고상함만은 숭고함만은 아니지 않은가 절대로 절대로-. 프란치스코 성인과 클라라 성녀의 사랑이면 몰라도, 사람끼리의 자존심과 감정의 얽힘인데, 백 년 감옥에 갇힌 몸을 가진 사람의 진실과 반진실의 뒤범벅인데. 그에 담긴 영혼이 갈망하는 피와 눈물의 일인데.

사랑했고 사랑 주었던 이들은 같은 하늘을 이고 살까? 같은 밤에 뜨고 지는 달과 별을 같은 시간에 쳐다보기는 할까? 어디에서 어떻게 늙어 가고 있을까? 여기 지금 이 순간이 세상의 그 무엇보다 제일이라는 진실에 눈 열려 버린 이 순간이 슬프다. 여기를 살고 있어도 저기와 거기를 갈망하던 이상과 꿈은 다 어디 가고 말았을까?

선배들과 또래 시인들마다 '지금 여기'의 소중함과 감사를 쓴 시집을 펴내고 있다. 나도 그중 하나라면 정직한 고백이고 진실인데. 인생을 만들어 주던 그 옛날의 첫사랑과, 사랑마다 첫사랑이 되던 사랑들은 다 무엇이었고 어디로 증발했단 말인가? 지금 여기의 현실이야말로 가장 수도원다운 봉쇄 수도원이고 가시밭길이고 백년고독인데.

자식의 은혜로
부모님 은혜까지

너 올해 몇 살이니?

15살예요

엄마는 몇이신데?

15살요

인마, 네가 너 엄마하고 쌍둥이냐?

엄마는 저를 낳고 엄마가 되셨거든요

아빠두요, 제 덕분에 아빠가 될 수 있었다구 맨날 그러세요.

제목을 〈자식의 은혜〉라고 했다. 나도 첫애의 은혜로 엄마로 태어날 수 있었다. 엄마 된 그 흥분과 감동과 감사와 충격으로 퇴원 날까지 잠을 잘 수 없었다. 내가 뭘 잘했다고 이런 축복을 받았나 싶었다. 둘째를 낳고도 너무 기뻐서 오히려 엄마 됨의 무거움에 짓눌리는 기분이었다. 물론 임신이라는 사실도 기쁜 충격이었지만 실감은 아기와 첫 대면부터였다. 괜히 경건해지고 몸가짐이 바뀌고 처음 안아 볼 때는 두 눈이 감기도록 엄숙 경건 거룩해지는 듯했다. 지금 생각해 보면, 인간의 오감 중 시각이 차지하는 비율이 87%나 되고 청각은 6%, 그리고 나머지가 미각과 후각과 촉각의 몫이라니까, 눈으로 확인해 믿어지는 것은 경건 이상의 신성(神聖) 비슷하지 않았을까 한다.

준비 없이 부모가 되어서 느낌이 벙벙했다는 이들도 있었지만, 어떤 아빠는, 무작위로 전화 걸어 아빠가 되었다고 소리 질러 자랑했다고도 하고, 아기를 안아 보는 감촉에 눈물이 피잉 돌고 정신이 아뜩해져서 안고 있던 아기를 떨어뜨릴 뻔했다고도 고백했다. 어떤 이는 자원하여 직장 동료 전원에게 점심 사느라 마이너스 월급이 되어, 늘 아들에게 비싼 놈,이라고 농담한다고도 했다. 한동안 그런 흥분으로 상사에게 혼나고도 휘파람이 나오더라고. 둘째나 셋째를 얻으면서는 책임감이 너무 무겁고 두려워져 고개가 더 조아려지고 더 성실하게 근무하게 되었다고도 했다.

오래전에 읽었던 《*The Pond*(못)》라는 단편 소설 내용이다. 태평

양 전쟁 중 공군 조종사가 주인공이었다. 집에 두고 온 아내가 첫애(아들)를 낳았다는 어머니의 편지를 조종석에 앉아서 뜯어 읽은 그는, 너무나 감격한 나머지 일본군 가미카제가 다가오는 것을 눈치채지 못해, 비행기와 함께 공중분해 되고 말았다지. 그처럼 흥분되는 사건이 아기 아빠 아기 엄마가 되는 사실이다.

내가 첫아이를 낳았을 때도 생생하다. 나도 첫애를 낳고서야 신의 현존을 느꼈고, 길 가장자리로 뻗어 나온 잡초 한 줄기도 고귀한 생명으로 느껴졌고, 모든 생명에서 그 존엄성이 느껴지는 듯 경건해지곤 했다. 우연히 마주치는 아이들마다 내 아이처럼 소중하고 귀엽게 느껴져, 한참이나 눈을 떼지 못하고 저절로 환히 웃어지곤 했다. 모든 부모는 자식을 낳으면서 부모로 태어나 자식과 함께 성장해 간다. 자식이 아니었으면 부모 됨이 어떠한지 깨달을 수 없었으리라. 나는 바담 풍(風) 해도, 너는 바람 풍 해라,고 하던 아버지들, 그 어떤 상황도 교육적이어야 한다고 주장하고 행동하게 되고, 부모 세대로서의 가정과 사회와 국가는 물론, 사람을 위한 사람이 살 만한 세계여야 한다는 이유까지도 깨닫게 하는 힘은 오로지 자식의 은혜란다.

그뿐만 아니라, 키워 주신 부모님의 마음까지도 헤아려지게 된다고. 자식 사랑은 내리사랑이고 부모 사랑은, 치사랑이라서, 자식 낳아 키워 봐야 부모 마음 안다고 하시던 어른들 말씀대로, 치

사랑 못 한 불효를 통감하며 부모 마음이, 내 아이에 대한 내 마음이었을 거라고 절감하는 것도 자식의 은혜란다.

여자는 약하나 어머니는 강하고, 어머니는 강하나 싱글맘은 더 강했던 때가 6.25 전쟁 직후였다. 그 무수한 전쟁미망인들을 살아남게 한 힘은 무엇이었을까? 아이를 등에 업고 무거운 함지박을 이고 소리쳐 팔러 골목골목을 맨발로 걸어 다니던 전쟁미망인들에게서, 무한정의 기쁜 희생과 보람을 솟구치게 한 자식의 은혜란 그렇듯 가혹하고도 놀라웠다. 자식 둔 엄마라서 말[馬] 갈 데 소[牛] 갈 데 안 가리고 일했고, 기꺼이 황소가 되어 황소처럼 일했다고. 그래서 우리 고대사의 시조들의 아버지는 없는 양 빼 버리고, 어머니들만은 신성이 부여된 성모로 추앙되었다고 한다. 고대사 학자들에 의하면, 고구려의 시조 어머니는 곡모신(穀母神)으로, 가야와 백제 신라의 시조모들은, 정견모주(定見母主)와 서술성모(西述聖母)로 신성시되어 추앙 숭배되었다고. 그 당시의 시대적 배경은 때마침 수렵 시대가 끝나고 농경 시대가 시작되었기 때문에, 따라서 어머니가 시조(始祖)들을 생산했듯이, 자식(가족) 생산은 물론 가축의 생산과 땅의 곡식 생산까지, 모든 생산과 풍요를 전담하는 생산 원리가 여성의 자식 생산 원리와 동일하다는 착안에서 해석되었다고. 어머니 모(母) 자는 여(女)라는 한자에 두 개의 유방(점 2개)이 달린 모양새라고. 그래서 모든 여자는 어머니여야 하고 어머니는 풍요를 전담하는 생산의 신(神)이고 성모(聖母)라고.

아버지에게도 자식은 최선의 교사란다. 호랑이보다 더 무서운 게 자식이라서, 개과천선하여 인간이 되었다는 농담 같은 진담도 듣곤 한다. 직장에서의 어떤 수모도 참아 내게 하는 그 힘도 토끼 같은 자식을 둔 아버지이기 때문이라고들 한다. 그래서 반어적 표현으로 자식 가진 바보들이 곧 부모들이란다. 어떤 부자가 죽으면서 유언했다. 강보에 쌓인 아들이 자라서 바보가 되거든 재산을 넘겨주라고. 늙은 집사는 주인의 유언이 무슨 뜻인가, 늘 고민하다가 어느 날 젊은 주인이 제 아기를 등에 태우고는 기어 다니면서 히히힝… 말[馬]의 흉내를 내고 등에 탄 아기는 더 빨리 달리라고 두 발로 아비의 옆구릴 걷어찰수록 더 좋아하는 것을 보자, 저런 게 바보 아닐까 하여 유언을 실행하고 편안히 죽었다는, 《탈무드》 얘기도 잘 알려져 있다.

자식 덕분에 바보 되는 아버지의 행복, 생애를 송두리째 바치고도 보람을 느낀다는 세상 모든 부모들. 세상과 시대가 아무리 변해도 이 부모 됨은 변하지 않는가. 바로 그런 자식의 날인 5월 5일, 그런 부모의 날 5월 8일, 정신적인 부모인 스승의 날 5월 15일… 그래저래 5월은 가정의 달이다. 자식이 웬수이고 부모가 문제인 가정도 많지만 온전한 가정이 정녕 있을 수 있는가? 아담과 하와의 가정조차도 온전하지 못하여 형은 동생을 죽이지 않았는가.

그럼에도 가정이야말로 그 어떤 굴욕도 치유하여 새로운 사기를 회복시켜 주는 최선의 병원이자 안식처인 것을. 그 어떤 경우에도 자식 낳아 키우며 자식의 힘으로 부모는 깊어지고 인간다워지면서, 가정을 지켜 가족을 돌보며 인간이 살 만한 세상을 만드느라 애쓰는, 한 생애를 살아 내는 것이 곧 성공이며 승리하는 삶이 아닐까. 젊은 날 웅대했던 꿈과는 너무 다르게 늙어 가도, 자식의 은혜로 부모가 되어서 부모님의 은혜도 더듬어 뉘우치며 할아버지 할머니가 된다는 것이, 평범하나 감동적인 영예요 성공이라면, 결혼과 부모 됨이 선택이 된 이 시대에 구닥다리의 철학일까? 초록이 동색(同色)이기 때문일까? 남들이 나를 할머니라고 하면 화가 나도, 내 손주들이 할머니이, 하고 부르면 부를수록 더 기뻐지는걸.

사람이 희망이다,
살아 있음이 희망이다

사람, 삶의 줄임말이자 최고의 희망

옛날 옛날에, 재산도 많고 아들도 셋씩이나 있어 부러울 것 없는 부자가 있었다. 그는 교만에 넘친 나머지, 며느리들 이름을 부르는 시아비로 악 소문이 나 있어, 아무도 이 못된 집에 딸을 시집보내지 않았다. 막내아들은 늙어 가고 고민에 빠진 이 집에 당돌한 한 처녀가 자원했다. 부모와 주위 반대에도 그 집으로 시집갔고 시집간 첫날 아침, 시아비에게 아침 인사를 들어가니, 아니나 다를까, 아가! 네 친정에서 널 무어라 불렀느냐?라고 묻지 않는가? 올 것이 왔다고 여긴 새 며느리는 단단히 마음먹은지라 다

소곳이 대답했다. 지는 이름이 하도 얄궂어서요. 이 말에 호기심이 발동한 시아비는, 괜찮다, 어디 들어 보자,라고 채근했다. 친정아버님이 벌레를 좋아하시어 저희 세 자매를 다 벌레 이름으로 부르셨사와요. 새 며느리의 말에 시아비의 호기심은 극에 달해서, 그래서? 하며 무릎걸음으로 다가앉았다. 큰언니는 바구미고요, 둘째 언니는 노래기라 부르셨는데, 지는 하도 고약해서 차마… 하고 고개를 숙이자, 더욱 재미난 시아비는 새 며느리의 어깨까지 도닥거리며, 허허, 사돈어른은 취향도 특별하시구나, 식구끼리 해괴할 게 뭐냐? 하자, 지는 쥐며느리라고 부르셨사와요, 라고 대답했다. 막내며느리의 말에 시아비는 얼음물을 뒤집어쓴 듯 아찔했다. 새 며느리 이름을 부르면, 자기 자신은 쥐새끼가 되니 말이다. 이 지혜로운 며느리는 시아비의 버릇도 고치고 집안 식구들의 행신 법도를 바로잡아 명문가를 이루었단다.

사람! 사람에게 넌덜머리가 나면 사람이 얼마나 혐오스럽던가마는, 그래도 사람 세상에서, 사람과 더불어 살아야 하기에, 삶의 문제는 사람만이 해결할 수 있다. 신도 사람을 통해서 해결하게 하신다. 사는 것! 너무너무 지긋지긋해. 그만 살고 싶어. 다시는 사람으로 태어나지 않고 더 이상 사람과 살고 싶지도 않아, 그럼에도 살아야만 삶에 복수할 수 있지 않나. 살아 있어야만 삶이라는 것을, 증오도 하고 사랑도 하지 않나. 하루에 몇 번씩 사람이

싫고, 사람 아니고 싶고, 더 이상 살고 싶지 않다가도, 그럼에도 사는 듯이 살아 봐야겠다는 오기와 독기가 죽 끓듯 한 변덕이 사는 것 아니던가. 《동몽선습》 첫 구절에 천지 만물 중에 인간이 가장 존귀하다고 했다. 이유인즉 오륜(五倫)을 알기 때문이고, 오륜(君臣有義 父子有親 夫婦有別 長幼有序 朋友有信)이야말로 사람 사는 근본이라고 했다. 그렇게 사람이어야 하고 사람으로 사람답게 살아야 한다고. 《효경(孝經)》의 첫 구절에는 신체의 모든 터럭과 피부 등은 부모로부터 받은 것이니 이를 훼손하지 않음이 효도의 시작이라고 했다. 내 몸을 소중히 여겨 다치지 않는 것이 부모에게 최대의 효도이며 국가와 사회를 위한 공헌의 첫걸음이란다. 심신이 건강한 국민이 많은 나라가 부강하고 희망적인 국가니까.

서까랫감 아들도 기둥감 딸도 있다

재산이 많으면 부자라지만 자녀가 많은 집은 더 부자라고들 했다. 자녀가 아무리 많아도 인간 망종들로 자라면 그 집은 망했다고 했다. 그래서 자식은, 낳은 자랑이 아니라 키운 자랑,이라고 한다. 지요막여교자(至要莫如教子) 즉, 인간 삶에서 자식을 가르쳐 키우는 것보다 더 중요한 일은 없다고 했다. 빌딩 100채보다 성실한 자식이 있는 집이 더 큰 부자다. 자식 농사가 최고 농사라고 했다. 아들만이 자식은 아니다. 내 딸이 반달 같아야 온달(보름달) 같은 사위 얻는다고 했고, 서까랫감 아들도 있고 기둥감 딸도 있다고 했다. 보잘것없는 집에 시집가서 시댁을 일으키는 며느리가 있고 만석꾼 부잣집에 시집가서 시댁 말아먹는 며느리도 있다고, 귀에 딱지가 앉도록 들으며 자랐다. 찢어지게 가난하고 도박꾼인 시아비에다, 파락호 남편에게 시집와서도, 시아비와 남편과 자식들을 반듯한 사람으로 감동 변화시켜 시댁 가문을 일으키는 며느리도 많았다고 훈육받으며 컸다.

예부터 우리나라는 며느리가 집안의 기둥이라고 하여, 아내는 집안의 태양, 즉 안해,라고 했다. 딸이든 아들이든 자식을 제대로 키워야 희망 있는 집안이다. 가축이 아무리 많아도, 곡간이 아무리 넘쳐 나도, 가족이 사람답지 못하면 하루아침에 무너지는 집이 된다. 개별 집안이 모여 국가와 사회가 되니까 국가도 마찬가지다.

자녀들이 많은 집이 최고의 희망이다. 자식들이 여럿이면, 잘난 녀석과 못난 녀석, 이런 직업과 저런 직업으로, 그들의 장래가 양양하다. 학교 공부만이 인간을 만들지 않는다. 조숙하여 공부 잘하는 아이가 있고, 뒤늦게 철들어 엉뚱한 일로 성공해서 국제적인 인물이 되기도 한다. 《해리 포터》를 쓴 조앤 롤링 같은 작가가 다섯만 있으면, 부자 나라일 거다. 노벨상의 3분의 1을 타 냈다는 유대인은, 우리의 강원도 땅만 한 국토이지만, 신의 축복 넘치게 받은 소강국으로 세계가 유대인의 양육과 교육법을 배우려

든다. 돈 많고 명문 학교 나와야 희망인 시대는 지나갔다. 다양한 가치를 존중하는 다원화 시대다. 가수 싸이 같은 인물이 쏟아져 나오면 진정한 희망찬 나라다. 세계가 한국어를 배우려고 할 것이니-. 또 영어 단어 수학 해답을 더 많이 알아야 희망 있는 학생은 아니다. 각자 다르게 타고났으니, 각자 좋아하는 일 찾도록 기다려 주고, 격려하고 끈기를 키우게 하면, 인류를 위한 발명과 발견의 최고 성공인이 되니까.

최고의 미장이는 삼류 철학자보다 훌륭하고, 최고의 요리사는 국민 건강의 공로자다. 최고의 굴뚝 청소부는 공해 추방의 공로자다. 어디에서나 최고에 이르면 저절로 그 인품도 훌륭해진다. 옛날 강태공은 고기잡이를 하다가, 이윤(伊尹)은 요리를 하다가, 부열(傅說)은 도로 공사 인부 일을 하다가, 각기 주나라의 문왕과 은나라 탕왕과 고종 같은 현명한 임금에게 발탁되어 재상으로서 나라를 잘 다스렸다. 영양과 맛이 조화로운 음식을 만드는 요리사는, 국가 일도 조화 있게 다스린다고, 무너지지 않는 도로를 만드는 인부는, 나랏일도 무너지지 않게 잘 설계하고 실천하여 다스린다고 믿었다. 만고의 진리다. 스페인의 곡선 건축가 안토니 가우디 같은 인물이 두어 명만 있어도 우리나라도 관광 수입으로 부자 나라가 될 수 있으리니.

신은 각자에 맞는 재능을 한두 가지씩 주셨다. 눈에 보이는 것만이 전부가 아니고 지금 당장만이 인생의 전부는 아니다. 인생은 100년! 실패는 성공의 어머니요 성공에 반드시 실패가 자주 끼어주어야 한다. 지옥을 먼저 살아야 천국을 살 수 있다 하여 동고동락(同苦同樂)이란 말이 생겼다는데. 미래는 무재능이 최고 재능이 되는 시대가 될 수도 있다는데.

사람은 상품 아닌 작품이다

비교하지 말자. 시력 청력 다 잃고 말조차 못하는 삼중 장애인 헬렌 켈러는 인간은 신의 작품(作品)이라고 했다지. 비교당하고 선택받는 상품(商品)이 아니라, 창조자가 각 인간을 독특하게 만든 유일무이한 작품,이라고. 더 예쁘고 더 부유하고 더 잘난 사람을 선택하려고 비교하지 말라고. 삼중 장애를 가진 그녀는 자신이야말로 아무도 대신할 수 없는 신의 최고 작품이라는 것을 깨닫고선 이를 선언하고 그렇게 살려고 노력했단다.

선택받지 못한 그이가 최고의 작품으로 가장 값진 인생을 살 수 있음은 우리 각자가 자기 스스로에게 부여하는 가치 여하에 좌우된다. 미인이라고 젊어서 교만하던 그녀가 초라하고 추하고 괴팍한 늙은이가 되기도 한다. 나는 내가 낳는다, 나는 내가 만든다,는 말이 있다. 인생을 어떻게 살아왔는가로서 미모가 결정된다. 천박한 미모는 마귀보다 험상궂다. 못났음에도 당당했던 알

영(閼英)은 못났음의 덕을 볼 줄 알았기에 신라의 시조 박혁거세의 왕비가 되었다. 아름다움이란 말과 행동에서 풍기는 인격이지 교만한 자화자찬과 자기도취는 아니니까. 나이 들수록 딱 집어 말할 수 없이 우아한 기품을 풍기는 이가 진정한 미인이고 신사다. 보이는 것들로 단순 비교하지 말자. 못생김이 최고의 매력이 되고 무재주가 무한한 재주와 더 무한 희망이 되도록, 스스로에게 선언하고 명령하고 실천하자. 초기에 성공한 이들이 교만하여 노력하지 않아, 나중에는 초췌한 실패자가 되어, 옛날에 내가 무엇이었는데, 하며 옛날만 자랑하는 꼴불견이 되지 말자. 그래서 예부터 우리는 소년 성공을 인생의 삼대 불운 중 첫째라고 했다.

천하의 파락호 부모들도 아들딸들이 주렁주렁 자라면, 사람들은 그 자식들 때문에 그들 부모를 홀대하지 못했다. 노름꾼 술주정뱅이 부모도, 커 가는 자식들이 두려워서 나쁜 행동을 고치는 경우가 많아, 호랑이보다 무서운 게 자식,이라고 했다.

인도나 중국은, 국토도 광활하지만 인구가 많아서 국력이 신장되고 있다. 산 사람 입에 거미줄 치랴 제 먹을 것 타고난다,는 속담은, 얼마 전까지도 들을 수 있었다. 아들딸 구별 없이 자녀가 많으면 최고의 희망이다. 인력이 국력이다.

인간이 되어야지 명문대 학생 되는 게 중요하지 않다. 늦게 철드는 자식도 있고 떡잎부터 다른 자식도 있다. 열 자식이 있으면

열 가지 서로 다른 방식으로 자라 제 나름대로 성공한다. 못난 자식도 형제들끼리 부대끼며 가정이라는 작은 사회에서 생존하는 방법을 터득하게 되고, 경쟁과 협동의 가치와 방법을 배우며 깨닫고 인간이 되어 간다. 중요한 것은 돈 잘 버는 게 아니라, 경쟁과 협동을 때맞출 줄 알고 조화롭게 할 줄 알고 질투와 양보를 시기적절하게 가릴 줄 아는 사람됨이다. 작인(作人)이 되어야지, 인간! 그 인간이 되도록 키우는 대업이 부모의 가장 위대하고 힘든 사업이다. 어떤 실패와 어떤 비난에도 살아 내는 배짱과 용기와 집요함과 멀리 내다보는 긴 안목을 가진 사람으로 키우기는, 실로 힘들지만, 그래서 가장 가치 있는 미래를 보장하는 희망 사업이 아닐까. 가난해도 자식이 잘되면 그 부모는 늘 신나고 살맛이 난다. 피카소는 자기보다 못한 친구를 늘 부러워했다는데, 친구의 자식들이 잘 자라기 때문이라고 했단다.

보편적 가치가 최고의 희망이다

독불장군식으로 저 혼자서가 아니라 더불어 비비대며 앞서다가 뒤지다가, 나란히 가지런히 끌어 주고 밀어 주고 어깨동무해가며, 함께 살아가면, 더 오래 걸리지만 더 멀리까지 더 크게 성공할 수 있다고. 존중 우정 나눔 협동 양보의 가치, 함께 사는 중요성, 어리석음이 지혜로움, 지는 게 이기는 것… 등등, 가정과 국가 사회와 국제 사회라는 공동체를 위한 삶의 태도와 의식 교육이 진정한 미래 준비인데. 이 또한 얼마나 힘드는가. 어떤 불행과 불운에도 무너지지 않고 무너졌다가도 털고 일어나, 긴 안목으로 웃으며 살아 내는 불굴의 저력을 갖자면, 면역력을 키워 주는 작은 불행과 불운을 자주 겪어 내야 한다. 불운과 불행과 고통만이 이 위대한 선물을 안겨 준다.

지자약우(智者若愚)라 했다. 진정한 지혜는 어리석은 듯 보여, 선조들은 자식의 이름을 지을 때 어리석을 우(愚) 자를 넣어 주곤 했다. 희망은 늘 못나고 어리석고 미련한 듯, 느리고 어눌하게 사는 데서 더 잘, 더 크게, 더 단단하고, 더 깊게 뿌리내려 성장한다. 유약(柔弱)이 승강강(勝强剛)이라는 《도덕경》에 나오는 노자의 가르침처럼, 약한 듯 양보하고 질 줄도 알아야 강자를 이긴다. 지는 것이 이기는 길인 줄도 알고, 그런 때와 장소를 변별하고 행동할 줄도 알자. 얼핏 바보인 듯 보일지라도 조급하지 말고 여유 있게 느긋하자고. 초기에 앞뒤 좌우 안 가리고 성취할 것 다 이루고는, 늙기도 전에 건강도 우애도 우정도 다 잃고 망치는 이들을 보며 경계하자고. 손해 볼 줄도 알고 밑질 줄도 알고, 밑지면서도 돕고 양보할 줄 알고, 기분 나쁜 모욕도 가벼운 웃음거리로 참아 줄 줄도 알고, 반전의 웃음거리로 만드는 유머와 위트 감각의, 탄력 있는 깊고 광활한 큰 가슴도 키우자면, 많이 자주 당하고 손해 보고, 그럼에도 용서하고 이해하는, 다양한 체험을 치러 내야 한다고. 고통과 불운은 축복의 통로이고 인생 역전의 기회이므로, 어떤 난관에도 희망을 잃지 않고 더 큰 희망으로, 더 탄탄하게 살아가는 자기만의 삶의 방법이라고. 타인들의 평가를 참고는 하되 맹종하지는 말자고. 칠전팔기(七顚八起)라 했고, 최후에 웃는 자가 진정한 승자,라는 격언도 새겨 보자고. 성급하게 판단하고 함부로 평가하지 말자고.

나는 내가 창조한다

성 베드로 대성전의 천장에는, 하느님과 아담의 검지가 맞닿은 듯 아닌 듯한 천장화가 그려져 있었다. 전광석화의 찰나에, 창조주 하느님의 창조 능력이, 검지를 통해, 아담에게 전해졌음을 표현한, 거장 미켈란젤로의 신앙이자 신비다. 신은 인간을 신의 모습을 닮게 빚었으므로, 창조는 오로지 사람만이 받은 능력이다. 하느님도 죽은 자의 하느님이 아니라, 살아 있는 자의 하느님이라고 하셨다. 살아 있는 사람만이 창조할 수 있다. 무수한 실패 끝에 불치병은 정복되고 있고, 우주 정복을 눈앞에 둔 우리 시대는, 사람의 창조 능력이 속속 드러나고 있지 않는가. 책상과 벽에, 실패는 성공의 어머니,라고 써 붙였던 시대가 있었다. 남편의 실직으로 아내의 능력이 개발되었고, 계속되는 낙방으로 더 큰 기회를 포착하게 된 경우도 많았다. 살고 봐야 한다, 희망은 산 자의 것이다, 산 개가 죽은 정승보다 낫다… 등등 무수한 속언은, 장구한 세월을 거치며, 참혹한 전란을 무수히 겪어 낸 끝에, 더 나은 삶을 창조해 낸 이들의 체험에서 태어난 격언인 것을. 살아 있음! 그 자체보다 더 큰 희망은 없다. 아무리 힘들어도, 세월이 약이고 세월이 해결해 준다. 세월에 맡겨 버리는 것이 최선의 방법일 수도 있더라. 때로 세월은 하느님이 아닐까 싶을 정도로 말이다. 세월로 하여 철들면서, 나만이 나의 희망이고 누구의 삶이 아니라 나의 삶만이 나를 창조해 낸다는 생각도 들더라고.

수모와 치욕과 능욕이야말로 소중한 재산. 인생 100년인데 지금 좀 잘못되었어도 살아 있는 실패는 꼭 전화위복(轉禍爲福)이 되니까. 50~60년쯤 경험을 얻은 뒤에 성공하면 더 위대하고 더 멋진데. 어린 날에 반짝 성공으로 후기 인생을 망치지 말라고 대기만성(大器晩成)이란 말도 생겨난 것을. 자녀 이름자에 늦을 만(晩)을 넣어 짓는 부모 우리 조상들은 얼마나 현명했던가. 나는 신동(神童)을 믿지 않으며, 대기만성을 더 좋아하고 더 믿고 존경한다.

인생은 실패가 만들어 낸 걸작품! 집요와 성실의 대가이지, 타고난 재주나 요행이나 우연은 아니니까. 하늘도 개천에서 용 된 이들을 더 사랑하시고, 수재보다 성실한 둔재를 더 지원하신다. 나는 내가 만든다. 건강도 품위도 인격도… 나만이 나를 만들어

낼 수 있다고.

인생 100년의 시대이고 100인 100색의 희망과 성공이 다채롭고 다양하고 진정한 희망과 성공이라고. 남들과 다른 나만의 희망으로 내 삶이 내 작품이 되도록. 내 희망은 누구의 희망과 달라서 나에게만은 최고이니까. 지금 능멸과 모욕에 가슴 치거든 실수 실패가 있어야 성공한다,는 속언을 곱씹고 되씹자고. 나 잘되는 게 원수를 갚는 것이 되니까. 나를 나만의 작품으로 만드는 데는 한 100년쯤 걸릴 테지만, 나에겐 나 이상의 희망이 없고, 내 인생은 나 자신이 만드는 유일무이한 작품이니까, 그 누구의 무엇과도 비교 불가능한 명품이 되도록 어떤 어려움에도 살아 내는, 살아 있음이 진정한 희망인 것을.

4부

들을 귀의 청력

폭염 중에도 가을이 오고 있다. 우리의 오감이 한층 더 민감해지는지, 흐린 서울의 밤하늘에서도 어쩌다 돋아난 별들의 촉수도 한층 밝아진 듯. 아직 더워서 열어 둔 창문으로 새어 나오는 목소리도, 한 옥타브 높아진 듯하다. 촉감이 까실하게 느껴지는 밤공기에도 눅진대고 불쾌한 촉감이 한결 가셨다.

밤도 역시 산골의 밤이 최고인데, 문득 아이 적의 산골 마을이, 그 마을이 세상의 전부였던 동화 같은 아이 적이 떠올랐다. 그런 시절을 누렸음에 감사하면서, 해 저물녘이면 온 동네가 자기네 집 아이들을 부르는 목청이, 산골짜기 마을에 메아리치던 모습이 생각났다. 어디서 무얼 하며 놀고 있는지도 모르는 자기 아이들 이름을 불러 대던, 합창도 중창도 아닌 중구난방의 목소리들! 아이들은 그 목소리들 중에서 자기 식구의 목소리를 잘도 구별했다. 식구 중 고모의 목소리인지 엄마의 목청인지도 가려낼 수 있었고, 열중하던 놀이에서 달려가 저녁상 앞에 앉곤 했다. 그 밝았던 내 귀의 청력은 어디 갔을까?

아이들은 사람이라서 그렇다 쳐도 개들도 그랬다. 흔히 똥개라고 하는 토종개들이 대부분이었던 우리 마을에서는, 개들은 모두가, 워어리,라고 불렸다. 저녁밥이 준비되면 허공에다 대고, 워어리! 워어리! 하고 불러 대는 같은 이름에도, 개들은 제 주인의 목소리를 잘도 가려내어 주인들의 집으로 달려가, 개밥 주는 부인들의 치맛자락을 물고 꼬리를 흔들어 댔다. 집집마다 몇 마리씩 키우는 개들 이름이, 도꾸 메리… 등의 서양식 이름으로 바뀐 것은 6.25 동란 이후 미국의 구호물자를 얻어먹으면서부터였고, 그 이전과 이후에도 동네 개들의 이름은 거의가 여전히, 워어리,였는데도, 자기 안주인의 목청을 잘도 가려냈다. 음색과 옥타브 뉘앙스가 다 다른 그, 워어리!의 울림소리가 기명색으로 산마루를 넘어가는 낙조의 산골 마을을 메아리치던 시절이 동화 속의 그림처럼 떠오른다.

개를 키워 보면 알지만 개는 주인 식구들의 목청은 물론이거니와 발소리조차도 가려낸다. 자기를 가장 사랑하는 식구가 동구 밖에서 다가와도 그의 발소리를 가려듣고 동구 밖까지 달려가서 꼬리 치고 반기는 청력을 가졌다. 따라서 낯선 이의 발소리에 짖어 대는 도난 경보견의 역할을 해낸다. 가히 청력 중의 제일은 개의 청력일 듯하다. 그래서 개를 키우는 이들은, 자식보다 남편이나 아내보다도 심지어는 부모보다도 개가 자기를 더 잘 알아준다고, 내심의 섭섭함을 토로하는 이들도 있을 정도이니, 듣다 보면 여러 가축 중에서 반려동물로서 개를 가장 선호하는 이유를 알 만하다.

신 · 구약 성경에서 줄기차게 나오는 가축은 양(羊)이다. 특히 예수님의 말씀에 양의 비유가 많다. 물론 유목민인 히브리인들의 주업이 목양(牧羊)이니까 그랬겠지만, 나는 착한 목자다, 나는 내 양들을 알고 내 양들도 나를 안다. 내 양은 내 목소리를 알아듣는다,는 비유의 말씀을 읽었을 때, 양들이 어찌 주인의 목소리를 알아들을 수 있을까? 더구나 그 넓은 들판에서. 이런 의문을 가졌던 이들이 나만이 아니었으리라. 양을 치기 위해서 풀밭을 찾아 떠돌아야 하는 유목민들 나라, 특히 유럽의 여러 국가의 국기에는, 방향과 시간을 알려 주는 별들이 그려져 있고, 수백 수천 년 동안 정착해서 농사짓고 사는 농경민들의 나라인 아시아의 여러 나라의 국기에는 태양 즉 태극(太極)이 그려져 있음과, 양의 속성이 어떠함을 알면서부터는, 양에 비유한 성경 말씀이 훨씬 더 쉽게 이해되는 듯했다. 또한 농경민들인 아시아인들이 불교도가 된 것이 반드시 지리적으로 가깝기 때문만이 아닌 듯했고, 유목민의 후예인 서양인이 그리스도교 국가들이 된 사실도 납득되었다.

양은 다른 가축들과 다른 몇 가지 특성을 가졌다고 한다. 먼저 양은 지독한 근시라서 바로 제 눈앞의 것도 잘 보지 못한단다. 그래서 앞서가는 동무 양을 따라만 다닌다고. 다음으로 양은 무척 게으르단다. 양은 제 우리 안에서도 거의 움직이지 않기 때문에, 운동을 시키느라고 염소 몇 마리를 섞어 둔다고 한다. 염소가 뿔로 양을 받으면 아프니까 이리저리 피하여 움직이게 되어, 저절로 운동을 하게 한다고. 또한 양은 방어 무기가 전혀 없는 짐승이란다. 이리나 사자 등의 짐승이 잡아먹으려 다가와도 근시이기 때문에 보지 못하고, 심지어는 친구가 눈앞에서 잡아먹히고 다음이 제 차례인데도 가만히 서 있다고 한다. 또한 제 자신이 잡아먹히면서도 소리를 지르거나 저항이나 방어를 전혀 하지 못한다고. 이런 특성 때문에 양 한 마리가 절벽으로 떨어지면 뒤따르는 양 떼 모두 절벽으로 떨어져 죽게 된다고.

이렇게 무력 무능하고 무방비한 양인데도 귀만은 밝아서 주인의 목소리는 알아듣는다고 한다. 이 집 저 집 그 집의 양 떼가 뒤섞여서 풀을 뜯다가도, 자기 주인들이 부르는 휘파람 소리나 목소리를 가려서 듣고, 자기들의 목자의 목소리가 들리는 방향으로 떼로 옮겨 간다고. 뿐만 아니라 돌보는 개의 소리도 구별해서 잘 따른다고 한다.

양이 드물고 염소가 고작인 우리의 역사와 풍토에서는, 신약 성경에 나오는 양에 대한 주님의 비유가 아이 적에는 이해하기 어려웠다. 그렇다니까 그런가 보다 하는 정도였는데, 눈도 거의 안 보이고 게으르기 한이 없고 다가오는 위험도 몰라보고 죽는 줄도 모르고 뒤따라만 다니는 양들이야말로, 바로 우매한 우리 자신들이 아닐까. 누가 서울 가면 출세하니까, 누가 원정 출산하면 좋다니까, 누가 피라미드로 돈 벌었다 하니까, 어느 종교가 어느 종파가 진짜라고 하니까, 어느 신부님 어느 성모님이 영험하다고들 하니까… 등등의 그 한 가지만을 따라가다가 함께 망하는 우리들에게, 반드시 착한 목자의 선한 목소리를 가려들을 줄 아는 청력을 가져야 살 수 있다고.

이런 몽매한 양에게, 목자의 음성을 알아듣는 밝은 귀, 좋은 청력을 주신 하느님은 얼마나 자비로우신가. 목숨마다 살 만한 능력 한 가지씩은 반드시 주신 줄을. 그것을 못 알아내어서 그렇지. 또한 우리가 양 떼처럼 무력하지만 살아 내려면 자기 목자만 따라다니라고, 그토록 양들 양 떼 양의 무리 목자 착한 목자 하느님의 어린양… 등등, 주님의 말씀에 비유법과 직유법이 왜 필요했는지를 겨우 깨닫는다. 물론 아직도 아득 막막하지만, 그래서 성경 공부가 필요한데, 무작정 읽기만 하게 되다니.

기우는 달빛에도 밤하늘에는 흩어지고 모이는 양털 구름이 참으로 아름답다. 오늘의 이 귀와 청력의 묵상 주제와 걷기 시간을 주신 주님께 감사 찬미 영광 드립니다. 아멘.

상처,
만나 꽃피우는 장소

성상(聖像) 앞에서 무릎을 꿇는데
무릎 꿇고 큰다는 나무가 생각난다
캐나다 로키산맥 수목 한계선부터는
혹한과 강풍에 무릎 꿇지 않고는 살 수 없다는
악기(樂器)용으로는 최고라는
시인이야말로 최고의 악기인데
주님은 내가 행복해지기보다는
숭고(崇高)해지기를
악기다운 악기 되기를 더 바라시는지.

한참 전에 〈악기〉라는 제목으로 쓴 소품이다. 부활 시기가 지나야 초목에도 꽃이 핀다. 우리 믿음도 부활 시기를 거치면서 개화되곤 하지 않을까. 주님의 상처 14처를 묵상하면서, 주님 상처에 내 상처가 얹히게 되고, 십자가 고통을 억만 분의 일이라도 묵상하고서야 영적 꽃이 필 듯도. 주님 상처에서 주님과 만나 피어나는 꽃송이로, 그저 그냥 주고받은 우리 상처에서도, 꽃다운 꽃이 피고 향기도 풍길 듯.

사는 듯이 살지도 못하면서, 너무 아프고 고통스러울 때마다 우리 심신의 상처에서만이 주님을 만날 수 있다는 생각도 든다. 주님은 우리의 상처에 찾아와 만나 주시는 분!

오래전에 우리 집 삼대는 B형 간염을 앓았다. 맨 먼저 조부께서 온몸이 노랗게 그러다간 검게 되었다. 간염이라고도 했다. 민간처방으로, 살아 있는 붕어 몇 마리를 세숫대야 물에 풀어놓고 내려다보시자, 며칠 뒤 붕어들이 노랗게 변색되었고, 조부님의 얼굴빛은 점차 본색을 되찾아 갔다. 아버지도 같은 병으로 그런 민간 처방을 겸했다. 학생 데모가 한창이던 때, 나는 얼굴이 노래져 병원에 갔더니 의사가 어릴 적 어디서 자랐느냐고 물었다. 안동이라고 했더니 진찰도 않고 B형 간염이라 했다. 아이 적에 떠났다고 했는데도 어린 시절 낙동강 상류의 개울에서 마신 물이나 민물고기에서 들어와 잠복해 있다가 이제야 나타난 거라고.

묵상 때 문득 우리 집 삼대가 겪은 간염이라는 상처가 그토록 오랜 잠복기를 거치는 줄 깨달았다. 그때는 몰랐던 심리적 상처도 오랜 잠복기를 거쳐 나중에야 발현되는구나 하고. 그런 심적 육적 상처가 있어 기도하게 되고, 그런 상처로 주님을 만나게 되는 거구나 하고.

부활 시기를 지나며 주님의 상처와 나의 상처에서 주님과 만난다는 것을. 끊임없이 생기고 치유되고 또 생기는 무수한 상처를 묵상하며, 꽃이 피는 그 자리가 꽃이 떨어진 바로 그 지점의 상처라는 것을. 어릴 적 도무지 이해할 수 없던 변색된 노란 붕어들, 바라만 보았는데도 조부님의 황달병을 대신 앓아 주느라 노랗게 변색되다간, 마침내는 죽어 주는 붕어가 눈에 서언했다. 믿음은 바라보는 것이라고 했지. 성상을 바라만 보아도 내 상처를 대신 앓아 주시는 주님이라고.

상처는 우리를 참담하게 하지만 겸손하게도 하지. 무릎 꿇려 기도하게 하니까. 일상생활에서 혹한과 강풍을 얼마나 자주 마주치는가. 무릎 꿇어야 살 수 있는 캐나다 로키산맥의 수목 한계선이 바로 우리의 생활 현장 아닌가. 우리는 행복해지고 싶지만 주님은 우리에게 행복 이상으로 숭고해지기를 더 바라실 거라고. 참담한 고통을 경험하지 않고 어찌 숭고해질까. 숭고한 삶을 보여 주신 고(故) 이태석 신부님의 필름에서 느껴지던 숭고한 전율!

우리의 상처에서 만나 주시는 주님은 우리에게 숭고의 꽃과 향기가 어떤지를 알려 주실 뿐 아니라, 우리가 숭고해지기를 더 바라시나? 하고 묵상하다 돌아왔다.

어린 매화나무는 꽃 피느라 한창이고
사백 년 고목은 꽃 지느라 한창인데
구경꾼들 고목에 더 몰려섰다
둥치도 가지도 꺾이고 구부러지고 휘어졌다
갈라지고 뒤틀리고 터지고 또 튀어나왔다
진물은 얼마나 오래 고여 흐르다가 말라붙었는지
주먹만큼 굵다란 혹이며 패인 구멍들이 험상궂다
거무죽죽한 혹도 구멍도 모양 굵기 깊이 빛깔이 다 다르다
새 진물이 번지는지 개미들이 바삐 오르내려도
의연하고 의젓하다, 사군자(四君子) 중 으뜸답다
꽃구경이 아니라 상처구경이다
상처 깊은 이들에게는 훈장(勳章)으로 보이는가
상처 도지는 이들에게는 부적(符籍)으로 보이는가
백 년 못 된 사람들이 매화 사백 년의 상처를 헤아리랴마는
감탄하고 쓸어 보고 어루만지기도 한다
만졌던 손에서 향기까지도 맡아 본다

진동하겠지 상처의 향기

상처야말로 더 꽃인 것을.

차라리 죽는 게 나을 듯싶은 때가 종종 있다. 이 소품 〈상처가 더 꽃이다〉가 이런 때 쓰인 것. 주님과 만남의 그 자리, 그 장소에서는 반드시 꽃 피고 꽃향기 진동한다는 것을, 부활절마다 깨우쳐 주시지만, 알 듯하다가도 돌아서면 금방 잊어버리고 만다.

베드로는
닭고기를 먹었을까?

닭과 마주칠까 봐 늘 가슴 조였을 테고
닭 소리 들릴 때마다 경기에 시달렸을 테고
닭살이 자주 돋아 가려움에 시달렸을 테고
계란이란 말만 들어도 알레르기에 시달렸을 테고
때 없이 닭 울음보다 깊고도 길게 울었을 테고
십자가에 거꾸로 매달려 순교하기까지
닭고기는커녕 계란조차도 없이 살았을 게다
너무너무 가난해서.

– 〈베드로는 닭고기를 먹었을까?〉

베드로는 정말로 주님을 몰랐다고 생각된다. 배신한 게 아니라, 하느님의 아드님이 어찌 저럴 수 있는지? 도무지 주님을 이해할 수 없었을 게다. 죽은 이들을 수없이 살려 내시던, 무수한 불치 병자를 고치고, 온갖 기적을 이루신 주님께서, 저토록 무력하고 저토록 비참할 수가? 따라다닌 3년을 통째로 부정하고 싶었을지도. 그래서 모른다고 부인했고 저주까지 했을 거라고. 그래서 그리 쉽게 어부라는 본업으로 돌아갈 수 있었을 거라고. 수제자만이 아니라 모든 제자들 모든 이들이 다 주님을 몰랐다고. 그래서 부활하신 주님은 갈릴래아 호수에서 밤새 헛그물질한 베드로 등 제자들을 한마디도 나무라지 않으셨다고. 모른다고 세 번씩이나 부정한 베드로의 말이, 그의 진실이었기에, 오히려 물고기와 빵을 구워 조반을 먹이셨으리라고.

어느 글에 보니, 예수님 시절 근동에서 양고기는 흔했어도 닭고기는 부유한 이들만 먹을 수 있었다고. 우리가 무시로 먹을 수 있는, 튀긴 치킨이나 삼계탕 등이 그 시절에는 귀했다는 말이다. 그래서 서양 옛 명문가나 고성(古城)의 문장(紋章)에는 닭 그림도 많았을까?

아무려나, 부활하신 주님을 만나 보고서야 믿음이 확고해진 제자들은, 강하고 담대해져서 거의가 순교했을 정도로 용맹스럽게 전교에 혼신을 바쳤지만. 주님을 참으로 알기까지, 제자들은 물론 주님의 가족들도 주님을 몰랐다고. 요한 복음서와 마태오 복음서에는 그 형제들이 유다로 가라고, 스스로 나타내기를 구하면서 묻혀서 일하는 이가 없다고, 자신을 세상에 나타내라고 권고했다는 기록이 있고(요한 7,3-4), 또 가족(어머니와 형제들)들이 밖에 찾아와 있다고 기록되어 있으니 말이다(마태 12,46). 가족들도 그 정도였으니 주님의 고독이 얼마나 기막혔으면, 여우에게도 돌아갈 굴이 있고 공중의 새들에게도 깃들 처소가 있지만, 사람의 아들은 머리 둘 곳이 없다고 하셨으랴.

부활하신 주님을 만나고서야, 제자들도 비로소 참하느님의 아드님인 줄을 깨닫고 용기 있게 나아가 전도하고 용기 있게 순교할 수 있었다고. 여기까지 생각하면, 베드로가, 모른다, 하고 대답한 부정에, 이해가 가고 나 스스로의 믿음에도 용기마저 생기다니.

나는 아직도 주님을 모른다. 그래서 누가, 신자지요? 하면, 엉터리! 문턱만 때 묻히는…이라고 우물거린다. 수천만 번의 의심과 회의에 시달렸고, 때 없이 그런 반복으로 살아왔으니까. 요즘 와서 베드로가, 무심코 그러나 진심으로 그리 말해 버렸을, 그의 정직함이 더 좋아지기도 한다.

나는 성당 안에서 기도 중에서도 얼른 고개를 젖히기도 한다. 성당으로 내 발길을 불러 주신 것만도 사랑과 용서라고. 힘든 일이 연속해서 생기는 때, 남들에게는 너무도 쉽고 평범한 것이, 내게는 왜 그리 안 이뤄지나 싶어질 때마다 더욱 그렇다. 어린 날과 젊었을 때, 암송해 온 성경 구절을 애써 떠올려 본다. 미션스쿨을 다녀서 많이 암송되던 몇 장 몇 절까지 기억나지만, 내용만 기억나고 문장은 흐려지기도 한다.

안경을 안 가져왔으니 읽을 수도 없어 성가를 찬송해 보기도 한다. 그러다 기운찬 성가 곡조가 드물고, 미사 중 겨우 한두 절만 부르는 데 대해 불만도 생긴다. 곡조 있는 기도를 기쁘게 찬미하면 미사 바친 기쁨이 얼마나 커질까,마는. 미사 드리고도 심드렁한 때도 많다.

가끔 아무 맛도 없는 뻥튀기를 사 먹는다. 편의점 계산대 아가씨가 웃기도 한다. 몇 봉지씩 두고 먹으려고 많이 사기 때문이다. 물론 아가씨도 낯익어서 객쩍지만 서로가 웃어 주고 만다. 맛없음의 맛이 좋다. 주님과 함께함도 비슷하지 않을까? 삶이란 이렇게 맛없음의 맛을 누리는 무사함이자 평범한 일상 아닌가 하고. 우린 공짜로 주어지는 무사한 일상의 진가를 모르고 살지 않나. 알면서도 잊어버리고 새콤달콤 매콤한 쌉쌀한 맛을 좇아, 신문과 방송 등에 오르내리는 허황된 뻔쩍임을 성공이라고 착각하면서.

내가 추구하는 믿음이란 것이 아직도 새콤달콤 매콤한 자극적인 기적이나 신비를 기대하는 게 아닐까? 뻥튀기의 맛없음 참맛을 누리듯 이 평범한 일상적 믿음을 믿음으로 인정하기 싫은, 아이 적에 젊던 시절에 서툴게 고착된 건 아닐까? 믿음이란 주님을 아는 것이라고 했는데, 주님을 제대로 알려 하지도 않고, 여전히 세속적으로 신나고 남달리 우쭐할 수 있는 특별한 혜택만을 기대하는 게 아닐까? 위의 시는 발표 후《걸어서 에덴까지》라는 시집에 넣었다. 베드로의 진실 고백과 갈등과 혼란에 깊이깊이 공감되면서도 말이다.

2.0의 시력과 돋보기의 차이

옛 친구를 만났더니 딴사람이더라, 고향에 갔는데 낯선 외국이더라,라는 묘사에 전적으로 공감한다. 세월의 심술은 무엇이나 바꾸어 놓고 마니까. 서가를 정리하다가 깨알 활자의 《파우스트》를 발견하여 다시 읽었다. 살아오며 느끼고 깨달아지는 세월의 마법 때문이었는지, 괴테라는 대문호에 대한 아직도 식지 않은 존경 때문이었는지 깨알 활자를 돋보기 돋우어 읽게 되었다.

처음 읽었던 스무 살 전후 때는 이런 게 뭐 명작이라고? 하며, 야단스러운 평가에 동의할 수 없었는데. 돋보기로 읽고 난 지금의 감동은 마냥 슬펐다. 돋보기가 주는 슬픔인가? 무얼 하다가 벌

써 파우스트가 되었지? 돋보기를 쓰기까지 이런 작품을 쓰지 못한 탄식인가? 다만 그저 괴테에 감탄하여 찬사를 보낸다. 이래서 천재는 따로 있고, 명작은 고전(古典)이 되는가.

지금 보면 번역이 엉성하다 싶지만, 이 작품의 발상이 고작 20대의 괴테에게 가능했다는 점이 믿기지 않았다. 더구나 20대에 얻은 아이디어를 그 오랜 세월에도 잊기는커녕, 품어 키우고 굴리고 익히다가 괴테 자신의 노년 체험 막바지에 집필했다는 점에서 더욱 감탄하지 않을 수 없었다. 어리고 미숙하다 싶은 20대 나이에 어떻게 노년에 이른 주인공의 소망을 예상하고 예감할 수 있었단 말인가?

어디선가 읽은 듯 들은 듯한 이른바 출처 불명의 설(說)로는, -아니 내가 너무 오랫동안 상상해 온 바로는, 상상도 굳어지면 체험이 되어 버리니까- 워즈워즈가 신약 성경에서 얻은 감동에 겨워서, 무지개를 바라보면 내 가슴이 뛰노라/ 어렸을 때도 그러하였고/ 어른 된 지금에도 그러하노라,라는 절창을 썼고, 《천로역정》의 아이디어도 존 번연이 성경에서 얻었다고. 괴테도 《천로역정》이나 성경에서 《파우스트》의 발상을 얻었을 거라는 상상이나 또는 어떤 썰(설)도 있다고. 그보다는 이웃집의 노쇠한 노인들이나 마을 회관 노인들의 푸념과 탄식에서 얻었을 가능성이 더 그럴듯하다는 생각도 든다.

바로, 지금 여기,에서 내가 하고 싶은 말은, 악마에게 영혼을 팔아서라도 모든 가능성 자체가 되는 젊음을 사고 싶었던 파우스트에 전적으로 공감한다는 고백이다. 젊음이 곧 모든 가능성인 한에서는 파우스트처럼 악마에게 영혼을 팔 수 있다는 게 지금 내 심정이라고.

이 명작을, 젊어서 읽고 감동해야 젊음을 낭비하지 않을 터인데, 나처럼 읽어도 감동 없는 청년기에 어떻게 제대로 읽힐 수 있단 말인가? 그러나 돋보기를 통해서 전해지는 지금의 이 감동이야말로, 세월의 탓인가, 덕분인가? 다시 젊은 날로 돌아가라고 한다면 단연코 사양하고 싶다. 그 힘든 삶을 똑같이 반복해야 한다면 결단코 다시 젊어지고 싶지는 않다. 그럼에도 한스러운 게 너무 많은 돋보기 시대에 이르면, 무한 가능성 그 자체인 젊음을 왜 갈망해 마지않겠는가.

지난해 그랜드캐년에 다시 가 볼 기회가 생겼다. 처음 갔을 때는 아이들도 어렸고 나도 젊어서, 그랜드캐년은 우리 가족 모두에게 경이로움 그 이상이었다. 어른인 우리도 아이들도 입이 다물어지지 않았다. 넋이 나가 버려서 그저 멍하니 내려다보고 건너다보고 바라만 보다가 돌아서 마주한 표정은 그저 시무룩할 수밖에 없었으니까. 다만 큰 녀석이 우리나라에도 이런 데가 있지? 하고 물었을 뿐이었으니까. 그 물음에는 우리는 아무도 아무 대답을 못 했으니까.

비좁은 한반도도 겨우 반 토막에서 태어나고 자란 우리에게는, 숨 막히는 장엄(莊嚴)과 웅장(雄壯)이자 황홀(恍惚) 등등이 상상을 초월했었으니까. 집에 돌아와서야 두고두고 생각날 때면, 공평하신 하느님께서 이렇게도 차별해서 주실 수 있느냐고 항의조차 하고 싶었으니까.

그로부터 40여 년 지나 다시 가 본 그랜드캐년! 그토록 놀랍던 협곡은 아무리 다시 봐도 찢어진 엄마의 가슴 같았다. 엄마한테 못 해 드린 게 어찌 관광뿐이랴마는. 엄마 나라와 나의 세상이 닿을 수 없어서 통증은 가슴 통째로였다. 처음 왔던 그때의 압도당했던 경이로움은 간데없고, 다만 아프고 저리고 울리는 먹먹한 통증뿐이었다. 나도 자식 키워 본 엄마다운 엄마가 되어 가는 걸까? 부모가 되어 봐야 부모 마음 안다 하시던 잔소리가, 무한한 깊이에서 울리고 되울렸다. 찢겨 나갔을 뿐, 다시는 아물 수 없는 거대 협곡, 천 길 벼랑 바닥을 도도히 흐르는 콜로라도 붉은 흙탕물도, 엄마의 피눈물로 연상되다니.

이따금 TV 화면에서, 그랜드캐년과 마주칠 때도 엄마의 가슴이 먼저 생각나곤 했다. 며칠 전 성당에 가서 묵상 중에 그랜드캐년 협곡이 왜 떠올랐는지, 나 때문에 찢겼을 엄마의 마음과 세상 모든 부모들이 생각나더니, 신문과 방송에서 본 테러와 희생자들과 그 가족들, 특히 희생자 부모들 가슴이 그 협곡 같았다가, 왠지 아버지 하느님! 하고 불러지다가 하느님 가슴도 닮았을 거라고, 그래서 부모의 대명사인 아버지로 하느님을 호칭하는 거라고. 콜로라강의 붉은 흙탕물도 인류의 부모인 그분의 피눈물로 수수만만 년을 흐르는 거라고.

2.0의 젊은 시력이 못 읽어 낸 《파우스트》를, 돋보기가 읽으니 명작이더라고. 무엇이나 다시 만나면 새로운 의미가 되는가. 다시 만난다는 건 세월이 사이했음을, 나 자신이 변했음을 확인하는 건가.

태초에
시인을 창조하셨다

흙이었고 인류였고 사람이었다
눈앞으로 나아오는 모든 것에게
아담한 이름을 지어 준
아담한 사람 아담은
깊은 잠에서 깨어나
앞에 와 서 있는 여자(女子)를 보자마자
갑자기 시인(詩人)이 되었다
드디어 나타났구나
내 뼈에서 나온 뼈요

내 살에서 나온 살이로구나

지아비에게서 나왔으니

지어미라고 부르리라

자신의 부족(不足)을 채워 줄 반쪽인 줄을

단번에 알아봤다.

-〈태초에 시인을 창조하셨다〉

창세기는 무궁토록, 시는 물론 모든 예술의 무궁한 소재가 될 것이다. 창세기를 읽으면 그야말로 창조력이 모락모락 송골송골 퐁퐁거리며 샘솟아 난다. 태초에 하느님은 흙을 지으셨고, 흙으로 인류의 조상을, 사람을 지으셨다. 그가 곧 아담한 아담이었으니, 시인이 아닌가.

잠버릇이 나쁜 나는, 어려서부터 깊은 잠, 단잠이 소원이었다. 쉽게 잠들지 못하고 쉽게 깨어나지 못해, 남들이 잠자는 시간에 혼자 깨어나서 온갖 상상을 다하곤 했다. 그래서 늘 피곤을 탔고 병약했는데, 창세기의 이 대목을 읽고는 단잠과 깊은 잠이 아담한 사람을 만든다고. 드디어 자기 앞으로 나아오는 모든 것들에게 가장 아담한 이름을 지어 주는 아담이 되었다는 생각도 하게 되었다. 그러므로 단잠을 깊은 잠을 자고 나면 시인이 되게 마련이라는 생각도 했다. 내가 시를 잘 못 쓰는 이유도 깊은 잠을 달게 못 자기 때문일 거라며.

그러나 며칠을 잠을 설치다가도 하룻밤을 달게 자고 나면 모든 피곤이 싸악 가시어 회복되곤 했으니, 아마도 잠이란 시 쓰기와 직결되는 게 아닐까 생각하고는 했다. 남들 다 자는 밤에 나도 자 버린다면 어떻게 태초의 신비와 접속할 수 있으랴 하며, 깊은 밤 반짝 깨어 있는 것에 자부심도 느끼곤 하면서, 이런 반복 이런 되풀이 버릇으로, 이 나이까지 살고 있는데.

갑자기 다시 읽는 창세기에서 하느님은 태초부터 시인을 창조하셨다는 생각을 하게 되다니. 시를 쓰거나 시구절을 떠올리면 누구나 시인이니까. 조선 시대까지도 관직을 놓고 귀향하면 누구나 훈장이고 시인이었으니, 누구나 아담의 후손이라는 증거도 되는 듯.

모든 사물의 이름 짓기는 하느님께서 아담의 몫으로 주셨고, 아담은 모든 사물의 속성과 특징을 포착하여 그에게 알맞은 아담한 이름을 지어 주기에 이르렀으니, 이미 시인이 아니랴. 우리말의 아담이 아담하다는 뜻과 같다는 억지 주장도 좋아졌다.

그러나 아무리 깊은 잠, 단잠을 자고 나서도 시인이 안 되는 사람들이 더 많고, 아담이 자기 앞에 나아오는 모든 것들에게 아담한 이름을 지어 준 이후에, 더 깊은 잠을 자게 하신 하느님의 의도가 있어야만 시인다운 시인이 되기에 이르렀다는 생각도 든다.

누군가는 내 주장에, 혼자 살아 보니 따분했을 거고, 뭔가 외롭고 부족하다는 걸 느끼도록 하신 다음에야, 아담을 아담한 시인 되게 하셨다고도 했다. 옳은 말이다. 깊이 잠들게 하신 다음에 돕는 자 하와를 지어 주신 뜻이야말로 하느님의 배려 중 최고의 배려 아닌가. 외롭고 따분했기에 여자를 보자마자 시구(詩句)를 토해 낸 시인이 되고야 말았다는.

또 누군가는 말했다. 뼈골이 저리도록 외로워 봤으니까, 제 뼈에서 나온 줄을 알게 되었다고. 제 살점이 아프도록 외로워 봤으니까, 제 살에서 나온 살 중의 참살인 줄 알아보았다고. 그러므로 시인은 태초부터 외로워야 했다고. 그렇게 지어졌다고. 그럴듯하지만 하느님의 의도와 같을까? 아무튼 해석은 각자의 자유니까.

아담은 진정 아담한 사람이었다. 하와를 보자마자, 자기 자신이 그의 지아비인 줄을 단번에 알아 버렸다. 여자를 봐야만 자기 역할을 알게 된다고 주장하는 이들이다. 아담을 봐라, 하와를 보자마자 자기 자신이 그녀의 지아비라는 운명적 역할을 깨달았다고. 하느님은 그렇게 아담하게 아담을 지으셨다고.

또 어떤 이들은 사랑을 해 봐야 비로소 시인으로 성숙하게 된다고. 사랑을 모르면 아무도 시인이 되지 못할 뿐 아니라, 자기 자신의 역할도 사명도 운명도 깨닫지 못한다고. 이 또한 그럴듯한 말이다. 이에 덧붙여 첫사랑이야말로, 아담처럼 아담한 시인을 만든다고도 한다. 이 주장에 많은 이들은, 모든 사랑은 첫사랑이므로, 사랑하면 다 시인이 된다며, 자신들의 실연 경험과 시 쓰기를 예로 들기도 한다.

또 어떤 이들은, 사랑을 하면 자기 자신이 부족하다는 것을 비로소 깨닫게 된다며, 아담을 봐라, 하와를 보자마자 자기가 얼마나 부족한 데가 많았는가를 깨닫지 않았느냐고도 한다. 사랑을 하면 지아비와 지어미라는 함께 사는 부부를 생각하게 된다고도 했다. 아무튼 창세기의 이 대목이, 얼마나 다양하고 무궁한 창조의 원천이 되는지. 발명 발견 등 모든 창조의 분야는 각자가 자신의 창세를 위한 애씀이 아니냐는 이들도 있다.

옳다. 그러나 시인인 나는 창세기를 읽고 묵상하고 다시 묵상하면, 아마도 누구든 시인이 될 성싶다. 아니 하느님은 태초에 시인부터 지으셨다는 생각을 하게 될 것이다. 하느님은 시인처럼 어리숙하게 살라고. 어리숙하게 살아야 아담한 인간 아담으로 회복된다고. 아담의 이름까지 한글로 아담한 사람으로 지으셨을 것이라는 형용사의 줄임말이라고. 감사합니다. 아멘, 아멘!

하느님은 나에게
어떤 분이신가?

기도문을 중얼거리면서도 생각은 너무 자주 엉뚱한 데 가 있다. 기계적으로 암송하는 기도문보다, 한두 가지 주제나 의문점을 정해서 묵상하는 버릇이 생겨 버렸다. 생겨 버렸다고 표현하는 것은, 과연 이런 짓이 올바른가? 주님 뜻에 합당한가를 판단하지 못해서 내 맘대로,라는 죄송함도 어쩔 수 없기 때문에 쓰는 말이다.

그러다가, 무수히 붉은 줄이 그어졌으니, 어떤 부분은 수십 번도 더 읽었을 터인데도 건성으로 읽어 왔나? 주워들어 온 성경 해석의 토막 지식을 떠올리며, 나에게 정녕 하느님은 어떤 분이시기에, 왜 이렇게 그분을 찾아야 하고, 그분에게 모든 것을 투정하고 하소연하고, 고백하고, 떼쓰고, 졸라 대고, 부르짖고, 원망하는 모습으로 살아오고 있는지를 곰곰 생각해 보게 된 것이다.

대림 시기가 시작되었는데 성당에서 여러 가지 준비를 하고 있는데, 나는 나는… 하다가, 우리의 가장 큰 명절 성탄절 축시를 써 왔던 것과, 하느님이 우리와 함께 계시러 오셨음이 성탄이라는 점이 생각났다. 성탄 축시는 여러 편 썼지만 최근에 썼던 성탄 시만 떠올랐다.

천사가 성모님에게 고한 대로, 말씀이 사람이 되시어 우리 가운데 계시려고 세상에 태어나신 임마누엘 하느님의 탄생 축시였다.

처음 만난 세상은 마구간이었다
처음 맡은 냄새는 가축 냄새였다
처음 누운 침대는 말죽통이었다
처음 만난 사람은 양치기들이었다
처음 떠난 여행은 죽기 살기 도망치는 사막 길이었다

막장에서 시작된 삶이라야
막장 인생들에게 희망이라고
그렇게 출발해야 참인생이라고.

〈축 성탄〉의 이 축시를 다시 읽어 본다. 간절함을 또 주시면 또 써지겠지. 이때껏 나로 시를 쓰게 해 주신 하느님을 묵상한다. 성체를 바라보면서 하느님, 하느님! 당신은 나에게 누구이십니까? 무엇입니까? 어떤 존재이십니까? 하고 질문을 퍼붓다가, 나와 함께하시기 위해서 탄생해 주신 임마누엘의 하느님이라는 구절이 떠올랐다. 그래, 지금 여기서도 나와 함께 계시는 하느님으로 탄생해 주신 분이다.

성경을 집어 들었다. 나는 성서라는 표현이 싫다고. 성경은 그냥 책을 뜻하는 서(書) 이상의 경(經)이어야 하기 때문이고, 그 이상의 최고의 표현이어야 한다는 불평도 하면서 말이다. 에페소 신자들에게 보낸 서간 중, 2장 4절에서 7절까지를 읽으니, 하느님은 지금까지의 나를 있게 하시고, 또한 나의 미래를 디자인해서 풍성하게 준비하신 분이라는 생각이 들었다.

그렇다, 임마누엘의 하느님뿐만 아니라, 에벤 에제르의 하느님이셨다. 나의 나 됨은 주님 은혜이지 내 힘의 결과가 아니었다. 하느님은 지금의 나를 여기까지 데려와 주신 에벤 에제르의 하느님이시라고.

그러므로 나의 미래 또한 책임지실 하느님, 나의 미래를 디자인하시어 예비해 두신, 야훼 이레의 하느님이시라고. 아브라함이 100살에 얻은 외아들 이사악을 제물로 바치려고 모리아산으로 데리고 가서 칼을 들어 찌르려 할 때, 아브라함아! 아브라함아! 다급하게 외치신 하느님! 돌아보니, 덤불에 뿔이 걸린 숫양이 있었다지. 그것을 대신 잡아 제사드리라고 하셨다지. 이렇게 미리 앞서 준비해 주시는 하느님이 나의 하느님이시라고.

여기 지금의 나를 있게 하신 분, 지금 여기까지 인도해 주신 분, 이끌어 주신 분. 돌이켜 생각해 보면, 나의 건강과 온갖 사정을 생각하면 불만투성이지만, 그럼에도 얼마나 다행이고 황송한가를 생각하려고 애쓰면서, 오늘까지 지금의 나를 있게 해 주신 에벤에제르의 하느님이, 임마누엘의 하느님으로 성모 마리아에게서 탄생하셨던 12월 25일 새벽. 살과 피를 우리에게 먹이시려고, 지명이, 빵집,이라는 베들레헴까지 데리고 가시어, 우리와 함께 계시기 위해서 말씀이 육신이 되어, 세상에 태어난 성탄 아닌가.

우리 죄의 책임을 홀로 짊어지고 십자가에서 돌아가시고 부활하시어, 성령으로 우리와 항상 함께 계시는 임마누엘의 하느님은, 마지막으로 야훼 이레의 하느님이시라고. 앞으로도 나의 미래를 위해 무수한 계획을 하시어, 그것들을 나에게 이뤄 주시려고 준비를 다해 두신 야훼 이레의 하느님은, 내가 기대하는 것을 준비해 두신 하느님이기보다는, 나에 대한 하느님의 기대를 이루시려고 준비해 두신 야훼 이레의 하느님이시라고. 나에게 하느님은 임마누엘의 하느님이시고, 에벤 에제르의 하느님이셨고, 앞으로는 야훼 이레의 하느님이신데, 걱정 말자고.

그러고 눈을 떴다. 든든하다. 왜 걱정하느냐? 네 딸이기 전에 내 딸인 그 애를 위해 내가 준 달란트로 내가 준 사명을 다할 수 있게 예비해 두었지 않았겠느냐. 너는 그 애를 키운 양부모이지만 나는 그 애를 지은 친부모가 아니냐? 하시는 음성을 들은 듯도 하다. 하느님께 많은 걸 받지 않느냐고 웃으시던 황창연 신부님도 생각났다. 그래요 알아요 그런데도… 더 이상 말을 이어 갈 염치가 없었으니까, 받은 건 잊어버려서 안 받은 거처럼 되니까.

묵상한다,
나를 불러 주시는 그분의 음성을

예수님 음성을 생각할 때가 있다. 주님 음성을 묵상하고 싶을 때마다, 저절로 떠오르는 것은 내가 초 · 중 · 고교 적에 읽은 고어체의 개신교 성경 구절과, 초가지붕인 시골 교회의 주일 학교에서 배운 찬송가 구절이다. 주님 음성을 내가 들으니 사랑한다 하시네,라는.

주님의 음성! 예수님의 목소리! 지금 내 이름을 불러 주신다면 그 음성은 어떠할까를. 내 두 귀로 들리는 듯이 느껴 보고 싶다. 주님 음성은 어떠했을까? 허스키? 울리는 콧소리인 쿠잉(cooing)! 나직해도 울림이 길고 깊은 음성이었을까? 카랑카랑 쇳소리 목청이었을까? 가늘고 말마디가 없어 알아듣기 힘든 그런 음성은 분명 아니었을 듯. 그랬다면 티베리아스(갈릴래아) 호수에 배를 띄워 놓고 호숫가 건너편 군중들이 알아듣도록 말씀하실 수는 없었을 테니까.

나직하고 따스하며 깊고도 멀리까지 여운이 길게 울리는 목소리셨을 거야. 그렇지 않고서야 남자만도 5,000명이 넘게 모인 들판, 사방팔방이 무한으로 열린 드넓은 공간에서 군중이 알아들을 수 있게 말씀하실 수는 없었을 테니까. 다시 생각나는 찬송가 구절, 주님 음성을 내가 들으니 사랑한다 하시네,이다.

사랑 가득하고, 때로는 서늘하고 더러는 날카로우면서도 청아하고 명랑한 바람 소리같이 가슴 깊은 바닥에서 울려 나오는 울림의 음성이셨을 듯도-. 장소와 대상과 말씀 내용에 따라 주님 심정이 어떠했음에 따라 음색과 음정 억양 등등 모두 달랐을 거야.

주님의 호명(呼名)을 한 번이라도 듣고 싶다. 요즘은 이름을 불러 주신 주님 음성을 묵상하게 된다. 예수님으로부터 호명받은 영광과 축복의 주인공들 이름과 그때마다의 주님 음성을 느껴 보고 싶다.

제자들과 카이사리아 필리피에 가셨을 때, 사람들이 주님을 가리켜 더러는 엘리야라 하고, 어떤 이는 죽은 세례자 요한이라고 하더라는 말씀을 들으시고, 그러면 너희는 나를 누구라고 하느냐? 하고 물으셨을 때의 주님의 음성은 왠지 안타깝고 간절한 음성이 아니었을까?

스승님은 살아 계신 하느님의 아드님 그리스도이십니다,라고 한 시몬 베드로에게, 시몬 바르요나야! 너는 행복하다, 살과 피가 아니라 하늘에 계신 내 아버지께서 그것을 너에게 알려 주셨기 때문이다, 하신 그 음성도.

가난한 처녀, 베타니아의 라자로의 작은 누이 마리아가 소중한 옥합을 깨어, 그 향유를 예수님 발에 붓고 머리채로 닦아 드릴 때, 귀한 것을 낭비한다고 나무라는 유다 이스카리옷에게, 당신 죽음을 예비해 준다고 말씀하던 주님 음성을. 향유 부은 마리아에게 말씀하시던 주님 음성은 전혀 달랐을 것이다. 그때 그 장소에서도 주님은 그녀의 이름을 불러 주셨을 텐데, 성경에는, 마리아야! 하고 호명하셨다는 기록이 없다. 퍽이나 서운하고 아쉽다. 내가 이렇게 서운한데 베타니아의 마리아도 제 이름을 불러 주셨다고 기록되지 않아 서운할 게다.

예수님께서 사랑하는 라자로의 집에 가셨을 때, 턱 받치고 앉아 주님 말씀에만 몰입한 동생 마리아에게, 부엌일도 도우라고 말씀해 주실 것을 부탁하는 마르타에게, 마르타야! 마르타야! 하셨던 주님의 음성은 다정하지만 안타까운 듯한 목소리였을 듯도-.

무덤 속 죽은 라자로를 불러내실 때, 라자로야! 이리 나와라!라고 호명하셨던 주님 목소리는, 저승까지 달려가 울리고도 남음직한 힘차고 우렁찬 메아리로 오래오래 몰아칠 듯했으리라.

부활의 첫새벽에 달려와 빈 무덤을 보고 당황한 마리아 막달레나가, 무덤에서 나와 마주친 주님을 정원지기인 줄 알고, 당신이 내 주님을 가져갔거든 어디에 모셨는지 알려 달라고 애원할 때, 마리아야! 하고 부르신, 그 가슴 저린 음성을 내 고막으로 느껴보고 싶다. 주님의 음성인 줄 알아듣고, 어둠 속에서도, 라뿌니! 하고, 감격한 부활의 첫 증인 마리아 막달레나의 목소리도 느껴보고 싶다.

자캐오야! 얼른 내려오너라, 탈리타 쿰(소녀야, 내가 너에게 말한다. 일어나라)! 에파타(열려라) 하시던, 각기 달랐을 주님 음성도.

제자들이 갈릴래아 호수에서 밤새도록 그물질하고 날이 새자, 그물을 배 오른편에 던져라, 하신 주님 음성은, 호숫가에서 물 위에 뜬 베드로의 배에까지 들렸을 그 음성은, 물결처럼 수면을 타고 미끄러져 달리는 강바람 같았으리라.

빵과 물고기를 구워 아침 식사를 준비하신 주님께서, 요한의 아들 시몬아! 너는 이들이 나를 사랑하는 것보다 더 나를 사랑하느냐? 하고, 세 번이나 물으셨을 때의, 세 번 모두 달랐을 주님의 음성. 바르요나 시몬아! 시몬아! 요한의 아들 시몬아!, 내 양을 먹여라! 어린 양들을 돌보아라, 내 양을 치라! 내 양을 돌보아라! 당부, 하시던 음성도 상상해 본다. 점점 더 고양되어 옥타브도 속도도 높아지고 빨라졌을까? 더 낮아지고 깊어졌을까? 목이 메어 들었을까?

제자들을 호명하실 때 부활 전 음성과 부활 후의 음성도 달랐을까? 아니, 부활 후의 음성이 더 다정하고 깊고 간절했으리라. 이별을 앞둔 주님께서 아무것도 눈치채지 못하는 제자들을 호명하실 때의 음성은, 마치 아이들과 헤어지기 직전의 어미가, 두고 떠날 철부지 자녀들 이름을 부르듯, 더 안타깝고 아쉽고 간절하고 깊은 아픔과 연민의 음성이었을 테니까. 취직을 앞둔 대학 4학년 때 나는 요한 복음서 14장 첫 구절을 읽다가 울었지. 유언처럼 느껴져 이후의 구절까지 지금도 잊혀지지 않는데. 그 절박한 시점에서 귀머거리 같았을 제자들에게, 제발 알아들어 달라고 하신 그 목소리가.

글라라야! 하시는, 주님의 호명을 듣는 영광을 얻는다면, 아니 수도 없이 불러 주셨음에도 듣는 귀를 갖지 못했다고.

5부

아빠 목소리
잊어버릴까 봐 겁나

아들, 김상균(미국 컬럼비아 대학교 교수)

딸, 김문정(화가)

처, 유안진(서울대 명예 교수, 대한민국예술원 회원)

장례와 삼우와 사십구재 등이 지나가고, 위령 백일 미사를 드리면서도 매일 절두산 부활의 집으로 찾아가 얼굴을 맞대고 일일 보고 하자던 약속은 실행되지 못했다. 우리 둘은 우리를 가눌 수 없었다, 특히 딸애가 더 그랬다. 어느 새벽 2시경 딸애가 울며 들어왔다.

겁나 죽겠어, 아빠 목소리 잊어버릴까 봐, 잊어버리면 나 어떻게 해 엄마! 딸애는 밤마다 그렇게 울다 지쳐 날 샐 쯤에야 눈을 붙일 수 있었다. 그래, 잊지 않게 아빠 목소리를 모아 보자, 그림으로 그려도 되고. 그래서 모아지면 아빠 목소리가 될 거야. 위로의 말은 고작 그 정도. 그렇게 해서 딸애의 강요로 내가 대강 초를 잡고, 딸애가 보태고, 귀국할 때마다 아들이 더했다. 아빠의 생일 추모와 기일(忌日)마다 거듭 보태져 다음처럼 복원되었다.

평소의 음성대로 복원되진 못했지만, 우리 가족들이 기억해 낼 수 있는 최대한의 아빠이다, 음색 웃음 꾸지람 충고 찬미가 애창곡 고교 적 교가 18번 유행가 농담 잡담… 집 안에서의 아빠로서의 일상적 목소리가 이 글로 모아졌다. 외국에 살아도 아빠 생일과 기일 또는 생각날 때마다, 할아버지가 화제에 올려질 때마다 이 글을 읽어, 손자와 손녀에게 할아버지 목소리를 들려주자고. 특히 손주들 학교의 조부모의 날에 가서, 손주들이 부끄럽지 않게 영어로 잘하고 싶다고 벼르던 할아버지였다고. 딸도 출가해서 아빠가 그리울 때마다 꺼내 읽으면 아빠 목소리를 듣게 되고, 제 자식 낳아 키우면서 외할아버지를 들려주며 도움받기로. 이리하여 우리는 아빠를 놓아 드려 하느님 나라에서 영원한 안식과 평화를 누리시도록. 우리도 빨리 고통에서 벗어나 각자의 일상생활에 적응하자고. 그것이 효도이자 의무라고.

조의금과 축의금 받지 말자

우리, 조의금과 축의금 받지 말자, 교통지옥 뚫고 마지막 인사와 주신 분들께 좋은 음식 대접하여 고마움을 표하자. 내가 조문객들과 마주 앉아 밥 먹는다고 여겨, 좋은 음식으로 대접하고. 딸애 혼인 때도 축의금을 받지 말고. 재산 못 남겨 미안하지만 이 둘만은 꼭 해 줘요. 저 녀석 손잡고 혼례식에 입장해야 하는데. 멋진데서 멋진 음식으로 하객들에게 진심 감사하고 싶은데. 평소 엄마에게 해 두신 유언이었단다.

우리 아빠, 김윤태(金潤泰) 프란치스코 교수는, 1935년 6월 21일 경성부 누하동 223번지에서, 부친 김종익(金鍾益)과, 자친 김복주(金福珠)의 4남으로 출생하여 자라다가, 대대로 살던 누하동 집에서 서대문 밖 금호동으로 이사 살았단다.

금호국민학교 졸업, 경기중학교 입학(금호국민학교에서 유일한 합격생), 경기고등학교 입학과 졸업, 서울대학교 사범대학 교육학부 교육행정학을 전공(B.A.), 중앙교육연구소연구원, 연세대학교 경영대학원(M.A.), 한국인력개발연구소 제2연구부장, 한국교육개발원 교육행정 연구부장, 미국 플로리다 주립 대학교(Florida State University)에 유학(Ph.D 취득, 이 유학 때 엄마를 만나 친구들 주선으로 워싱턴 교회에서 혼인), 서강대학교 교수(교양 과정 부장 및 교육대학원 원장), 플로리다 주립대 객원 교수, 1993년 12월 8일 서강대학교 교내 성당에서 김정수 안드레아 신부님을 통해 세례받음, 미국 보스턴(Boston) 대학교 객원 교수, 한국교육행정학회 회장, 한국교육행·재정학회회장, 한국교육개혁위원회부위원장(1994년), 대한민국 무궁화 훈장 받음, 한국풀브라이트(Fulbright)재단 자문 위원, 서강대학교 교수로 정년퇴직, 서강대학교 명예 교수, 방배동 성당 사목위원(노인분과 위원), 방배동 성당에서 견진성사 받음, 2014년 세브란스병원에서 신장암 수술 퇴원 직후인 8월 29일 강남성모병원 응급실에서 선종, 9월 1일 같은 병원 성당에서 장례 미사(조정래 시몬 신부님 집전), 서울 서강 언덕 마포구 합정동 절두산 순교 성지 부활의 집(납골묘)에 드시었다.

주요 저서로는 《교육행정 · 경영신론》, 《교육행정학》, 《교육행정이론》, 《교사와 교직사회》(공저), 《교육학개론》(공저) 등과 국내외 학회지에 많은 연구논문이 발표되었고, 애장 도서는 현재 국립도서관에 유안진 것과 함께 동일 코너에 기증 진열되었다.

우리 아빠는, 서하(西下), 김윤태 프란치스코

정년 퇴임식에 다녀왔다면서, 호는 뭐냐고 묻더라고. 나도 호 하나 가진다면 뭘로 하지? 아빠의 말에 엄마가 반응했지요. 호란 예부터 서로 간에 잘 아는 친구들이나 웃어른들이 그의 특성 특징을 가장 잘 살려서 또는 그리되라는 덕담으로 붙여 주던 별명이라던데요. 물론 스스로 소망을 다짐하며 붙이기도 하지만. 본명이 있으니 프란치스코를 닮아 살면 되는데 호 같은 거 필요 없잖아요. 자신의 소망이나 부족한 점을 보완하자는 뜻에서도 일생 지향하는 삶의 가치나 철학 등으로 지어, 겸손 자중의 의미로 붙이면 모를까. 추사 김정희 선생은 중국 가서 완원(阮元)을 만난 후에는 완당(阮堂)이라는 새로운 호를 더 가지기도 했다지만.

엄마 말에, 동료 교수들은 고향이 서울 토박이이고, 서촌(西村)이라는 누하동(樓下洞)에서 태어나 자랐다니, 서하(西下)가 좋겠군. 누상동보다는 누하동이 더 호답다나. 또 서강대학교의 서(西) 자를 따온 것이기도 하고, 근데 부인이 시인이잖아! 부인보고 지어 달라 하시지, 더구나 안동 출신에 민속 전공학이니 호 같은 전통문화를 잘 아실 터, 누구보다 특징을 부인이 가장 잘 아실 텐데,라고 하더라나. 그 전언에 물론 엄마는 과대평가라고 웃고 말았지만.

그렇단다. 아빠는 겸재 정선의 진경 산수화 중에서 〈장동팔경첩〉에 잘 그려진 서울 서촌의 누하동에서 태어나 자랐으니까. 우리 조상들은 대대로 서촌 누하동에서 문중을 이루고 벼슬하며 가문을 일으켰다니까. 호가 화제 된 어느 날 엄마가 거들었지. 서강대 동료들 생각처럼, 아빠의 여러 배경과 인연으로 보아 서울 서촌의 서,와, 누하동의 하,를 따면 좋겠다고. 또 정체성이 서강대학교니까, 西下 西河 西夏 書下 暑夏… 다 좋은 뜻이고, 서초구에 살고 있으니 瑞下 瑞河도 좋고, 방위로 봐도 서쪽 아래는 남(南)쪽이니까, 이렇게 주고받다가 호를 사용할 때가 없잖아?! 여기까지의 얘기를 기억한다.

아빠가 들려준 누하동과 금호동 시절

아빠 없이도 우리는 1년을 살 수 있었구나. 어떻게 아빠 없이 살아 낼 수 있었을까? 얼굴을 목소리를 보고 듣지 못하다니 너무 안타깝고 슬퍼, 우리가 기억하는 아빠를 생각나는 대로 쓴다. 아빠는 주로 할아버지 할머니의 제사상을 물린 자리에서 수다스러울 정도로 옛날을 얘기해 주셨지. 어려서 먹던 음식과 할아버지나 할머니에 대한 추억, 6.25로 행방불명되신 세 분 큰아버지들의 얘기를 하셨지. 할아버지 할머니의 사진도 보여 주셨는데, 오빠와 나는 듣는 척해서 잊어버렸으나 기억나는 것만은 써서 아빠 목소리를 잊지 않고 싶다.

아빠는 누하동에서 태어나 자랐다고, 신문에 서울 서촌(西村)의 내력을 스크랩한 기사도 보여 주시면서, 누하동이 한양의 사대문안 서촌(西村)이고. 친구와 한창 놀고 있는데 할아버지[김관배(金寬培)]에 손목 잡혀, 사직단 활쏘기에 끌려가야 했다고. 또 할아버지와 겸상밥을 먹을 때마다, 달걀찜 생선조림 어리굴젓 등 반찬을 아빠 밥숟가락에 얹어 주시곤 했다고 그리워하셨지.

아빠가 아기였던 때, 언년이(아기를 돌보던 소녀의 호칭)가 아빠를 업고 놀러 다녔는데, 누가 담장 밖으로 담배꽁초를 던져, 그것이 아빠의 뒷목에 떨어져 화상을 입었는데, 그 사실을 모르는 언년이는 뒷목이 뜨거워 울고불고하는 아빠를 달래기만 했으나, 계속 울어 대자 배고파서 우는 줄 알고 집에 와 내려서 보니, 불붙은 담배꽁초가 목뒤에서 타고 있었다고, 그 화상 흉터라고 뒷목 흉터를 보여 주며 옛날 사람들이 담배꽁초나 옥수수 속대 등을 담장 밖으로 던졌다고. 아기 적의 그 기억 때문인지 기관지가 약해서인지 담배를 안 피우게 되었다고 했다.

아빠가 초등학교 때는 할아버님이 별세하고, 6.25 난리통에 세 형님들도 실종되고, 가세도 기울어, 사대문 안의 비싼 누하동 집을 팔고, 금호동으로 이사하여 초등학교를 졸업했단다. 초등학교 때 담임 선생님이 과외를 가르쳤는데, 너는 과외비 안 받을 테니, 와서 공부해라, 니가 와야 다른 애들도 오지. 이렇게 담임 선생님의 무료 과외 덕에, 경기중학에 유일한 합격생이 되자, 네가 학교와 내 체면을 세워 줬다고 졸업 후에도 그 선생님이 찾아 주셨단다.

서강대학교에 근무하실 때 무슨 일로 근처에 갔다가, 어릴 적 생각에 옛집을 찾아가 봤더니, 그 넓던 골목이 어찌나 좁고 꼬불거리던지, 거기서 어떻게 공 차고 구슬 치고 딱지 치며 놀았나?

우습더라고. 그땐 친구(지금의 화가) 집에 자주 놀러 갔는데, 그 친구 엄마가 사위 삼겠다고 장조림도 내놓아서, 그 친구는 늘 니가 와야 나도 장조림 얻어먹을 수 있다고 했다는, 그 친구 집도 옛날 대로 너무 작고 납작하더라고 크게 웃곤 하셨지. 그 작고 납작한 집에서 매일 화동(花同) 언덕의 경기중 · 고교를 6년간 걸어 다녔고. 자문 밖 능금도 따 먹고 인왕산을 넘어 오갔던 기억에, 동창들과 인왕산을 다녀온 날은 매번 그때를 얘기하셨지.

막내 손자였던 아빠는 늘 할아버지가 인왕산 사직단 활쏘기 가실 적마다 친구들과 강제로 데리고 가셨는데, 싫어 죽겠으면서도 끌려가지 않을 수 없었다고. 사람들이 어린 아빠가 인물감이라고 하면, 증조할아버지는 위로 손자 세 놈들은 더 잘생겼다고 으쓱대곤 했다고 기억했다. 아빠 숙부들과 명절이나 제삿날엔 대가족이 모여 판소리와 곱추춤을 놀았고, 윷놀이와 소리(창가)도 잘하셨단다. 아빠의 어릴 적 얘기를 들으면, 아빠 목소리가 맑고 울림이 좋은 까닭이 우리 집안 내력이었구나 생각했다.

할아버지는 아침마다 고구마 먹고 왔다 하시며, 해장술을 마시고 새끼줄로 얼레갈레 묶은 뚝배기를 사 오곤 하셨는데, 그 해장국 맛이 기막힌 설렁탕 맛이었다고. 엄마가 왜 고구마냐고 물으면, 왜놈들이 곡식은 공출로 다 뺏어 가, 고구마로 술을 빚던 시대여서 고구마 먹고 왔노라 하셨다고. 그렇게 술만 마시다가 50명

(命) 하신 부친 생각에 대학 졸업 때까지 술을 입에도 안 댔다고 자랑도 하면서, 직장 다니면서 강권하는 술자리 풍속으로 시작하여 힘들 때마다 폭음하게 되었다고, 그러고는 내 유전자가 술을 땡기는지도… 너들은 술 마시지 마라, 했는데 그 목소리가 아직도 생생한데.

언젠가 예쁜 나무함에서 꺼내 읽어 주신 가승(家乘)인지 족보(族譜)인지에 조상님들 중에는 조선조에 참판 참의 정2품 정3품 등등을 지냈고, 높고 낮은 여러 관직에 봉직하고, 나라님이 봉하는 정경부인 첩지를 받으신 조상 할머님들도 여러 분이 계셨다는 기록도 보여 주시며, 을사국치 이후 망국의 탓인지, 증조부 조부님 등 탄식과 울분으로 손 놓고 사느라, 가세가 기울게 된 듯 짐작된다고. 잠실에 살 때는 한식과 추석마다 아빠와 엄마는 큰오빠와 작은오빠와 나를 데리고 고양시의 선영(先塋)에 성묘를 가곤 했는데, 400년 이상 선산을 지켜 왔다는 묘지기 집에 가서, 늦은 아침 겸 점심을 먹고, 친척 아이들과 논밭과 산자락을 돌아다니며 개구리와 메뚜기를 잡다가, 시키는 대로 산소 앞에 줄 서서 성묘했지. 성묘 후 늦은 점심이자 이른 저녁을 먹고, 묘지기네 할머니가 싸 주는 떡과 호박 깻잎 등 채소 보따리를 갖고 돌아오곤 했는데.

허여멀건 얼굴과 큰 키 탓에

엄마의 얘기여요. 아빠는 한번 스쳐봐도 얼른 눈에 띄어 시선을 멈추는 외모였지만, 엄마는 한참을 살펴봐야 한다는 촌평을 들었다고. 아빠를 만나 본 내 친구들마다 아빠를 잘생겼다고 했으니, 아빠의 형제들도 모두 할아버지 할머니를 닮은 미남들이었을 거라고. 엄마도 결혼 때의 아빠 모습이 괜찮았다고 했으니 잘생겼다는 뜻이었지. 왜냐하면 아빠가 대학 재학 중, 당시 대학생은 학보라는 1년 반짜리 군대 생활을 했는데, 늘 거리 행진에 불려 다녔다고, 상관마다 걸핏하면 아빠를 불러내어, 야! 이 귀족놈아! S대 귀족놈! 촌놈 맛 좀 봐! 고생 맛도 봐야 해! 하며 괜히 때리고 힘든 일만 시켜 너무 괴로웠다고, 서울 출신에 대학생이라고, 부잣집에서 잘 먹어 키도 크고 얼굴도 좋다고… 없는 이유로 때려서 어금니도 빠졌고, 아직도 치과 다녀야 하는 원인이라고. 그때 아빠는 송곳니가 덧니로 나 있어 너무 기생오라비형이라고들 해서 뽑아 버렸다고 하니, 한창때의 아빠를 상상할 수 있어 나는 늘 자랑스러웠다.

세 형님이 6.25 때 행불(行不)이 된 탓에, 졸업 후에도 늘 요주의 인물로 감시되었단다. 따라다니던 담당 정보원이, 어차피 분가할 막내니까 호적상 분가와 동시에 본적을 옮기라고 조언하여, 충신동으로 이적하였고, 그후 행불자 가족이라는 의심에서 풀려났다고. 그때 도움 준 정보원 이름도 잊어 미안하지만 아직도 고맙다던 우리 아빠.

아빠와의 국제 전화

아빠와 나는 잘 통했다. 물론 함께 살 때는 얘기 나눈 기억이 별로 없지만, 유학 와서부터 좀 길게 통화한 듯하고, 대학에 재직하고부터 통화 시간은 더 길어진 듯하다. 아빠는 오랫동안의 교수 생활에서 터득된 교수들의 일반적이고 보편적인 성향과, 대학교들의 공통된 특성을 들려주셨다. 아빠 전공이 고등 교육이었기도 했으리라. 한국과 미국 대학 사이의 차이가 크겠지만, 그럼에도 대학들의 일반적 보편적인 특징을, 대학과 학문 발달의 유래에서부터, 아빠의 전공 지식과 조사 연구 결과로 설명해 주셨기에 크게 도움 되곤 했다. 더구나 아빠는 진득하신 성품으로 신출내기 내가 처음 경험하는 초년생 교수로서의 스트레스와 갈등을 잘 공감해 주셨고, 교수들 생리의 공통점들을 예까지 들어 가며 일러 주셨다.

아빠는 당신의 유학과 교환 교수 때의 경험으로, 미국 교수들에 대한 내 불평에 공감하며 설명도 잘해 주셨다. 아빠는 고등수학과 통계학에도 상당한 실력으로 나의 유학 공부와 연구에 큰 도움을 주셨다. 내 직장에서의 여러 가지 실례들을 얘기하면, 그

것들을 이해하는 데 인간적인 접근과 제도적인 접근에서 상충과 마찰, 그럴 수밖에 없는 개인적 인종적 차이까지도, 아빠의 지식과 경험 등으로써 설명해 주시었다. 그렇게 보고 생각하는 다양하고 다층 다면 다각적인 사고가 나의 적응에 큰 도움이 되었다. 물론 나는 원칙과 원리를 주장하며 대들기도 했지만, 우리의 논쟁은 결국 이해하고 양보하는 선과 극복해야 하는 지점을 찾고 깨닫고 행동하게 하였다. 따라서 나의 직장 생활은 한결 부드러워지고 스트레스는 감소되곤 했으니까. 그런 아빠와 길게는 두 시간도 넘게 통화했다. 서로 간에 전공은 다르고 국가적, 인종적 특수성도 다르지만, 그럼에도 아빠와 긴 통화로 속은 후련하고 가벼워져 다음 날의 출근이 홀가분해지곤 했으니까.

아빠도 남자끼리의 부자 사이라서 그랬는진 모르나, 나와의 통화를 좋아하셨다. 요즘도 아무개 교수가 너를 애 취급하냐? 네 외모가 어려 보여 그렇다. 아직도 너를 마틴(세례명 마르티노의 영어식 발음)이라고 부르냐? 김 교수라고 부르냐? 등등…. 그 차이가 나에 대한 그 교수의 인식과 기분을 나타낸다는 등도 물어 주셨다. 그가 내키는 대로 부르는 거라고 생각했던 나는, 아빠의 말씀에서 언어 이면의 심리적 의미와 느낌까지도 읽어 내게 되었는데. 그런 아빠가 안 계시다는 현실이 너무 아프고 슬프고 고통스럽다, 참아 낼 수 없이.

처음에는 다만 멍멍했고, 빨리 항공편을 구해야 한다는 생각뿐이었고, 엄마 혼자 감당해야 하니. 수술을 안 해도 신장암의 진행이 더디니 견딜 수 있다고, 그렇게나 긴 통화로 거듭거듭 강권했는데도. 도대체 안 해도 된다고 그렇게 강조했는데 왜 수술을 하셨고, 그것도 로봇 수술을 선택하셨는지? 눈으로 보고 확인하는 재래식 수술을 권했는데 고집대로 하셨다니 운명이란 말인가?

엄마는 의료 사고라고 했다. 성모병원의 응급실이 사인을 밝히느라 사진을 찍은 결과 배 속에 피가 가득 찼다고. 그게 사망 원인이라고. 엄마도 퇴원 후 힘들어하는 아빠가 배가 자꾸 나온다고, 몸무게는 줄어드는데 뱃살이 찐다고. 생전 뱃살이 없었기에 의심하면서도, 암 환자가 살찌는 거 나쁜 일 아니라고 위로했다니, 내출혈이 있었던 것을.

수술 직후 병실로 옮겨지는 도중에서 호스가 빠져 핏물이 줄줄 새 나와서 엄마가 당직 의사를 불렀으나, 금요일 늦은 오후에다, 다음 날이 토요일과 일요일이어서 의사들은 모두 퇴근했었다고. 수술 담당 의사는 전화도 안 받았고, 수백 명의 입원 환자를 책임진 당직 의사는 여의사 한 명뿐. 그나마 수십 번의 호출에서 두 시간도 더 지나 병실에 와서는 피투성이 붕대만 갈고 갔다니? 환자를 고객으로 호칭했다고 엄마가 화를 낼 만도 했지. 그렇게 삼일 만에 회진 온 수술 담당 의사는 겉으로만 봉합된 걸 확인하고는 수술이 잘되었으니, 며칠 후에는 퇴원하랬다나? 엄마는 아빠 프란치스코가 퇴원하여, 프란치스코 교황님 방문을 집에서 시청하게 해 달라고 기도했는데, 그 기도가 이뤄졌다고 좋아했다는데. 퇴원 후 처음 주치의를 만나고 너무 힘들어 지하철 계단에 앉아 있었는데, 성당 교우가 지나다가 보고 집까지 함께 와 주었다니? 수술만 안 했으면 5년은 더 사셨을 거라고.

나는 엄마를 위로했지. 의료 사고가 분명하지만, 주님 뜻으로 받아들이자고. 주치의도 그러고 싶었겠느냐고. 뒷마무리 잘못한 인턴 레지던트들 잘못이지. VVIP라서 가장 좋은 수술 시간대를 잡았다고. 흔히 일주일 내내 수술로 지치니까, 주말 끝 순서로 수술하면 느긋이 천천히 수술할 수 있어 최선을 다할 수 있다더니, 끝 순서로 수술해서 이렇게 망칠 수 있느냐고 탄식하는 엄마에게, 내가 할 수 있는 말은 하느님 뜻으로 받아들이자는 한마디뿐이었다. 아빠를 냉장고에 두고 어떻게 엄마 혼자 수년씩이나 걸리는 의료 소송을 감당할 수 있으리. 엄마도 그럴 뜻은 없다고 했지만, 너무나 원통하다 어이없다.

엄마와 조정래 시몬 본당 신부님과 동생이 임종을 지켰단다. 정신을 놓으면 안 되기에 조 신부님이 절두산 부활의 집을 천거해 주셨고, 복잡한 교통에도 심사에 필요한 서류를 마감 시간까지 구비하여 제출했고, 그리고 장례 절차와 비용에까지 장인어른의 도움이 없이는 불가능했다는 엄마 말에 조금은 덜 죄송해졌다. 특히 장지를 절두산 부활의 집으로 결정하기까지 금요일에 토요일과 주일로 계속된 휴일이라서, 컴퓨터에 자동 입금 마감 시간 지키기에는 처남의 인터넷 뱅킹이 큰 도움이 되었다니 얼마나 고마운지.

아빠는 막내로서 형제가 없어 엄마가 더 힘들었다. 그러나 그 경황 중에도 처가댁 전 가족이 만사를 제쳐 놓고 4일 내내 빈소 일에 전념해 주셨으니 정말 고마웠다. 엄마 말이 아빠에겐 장인이 형제 같은 친구였다니 더욱 고마웠다. 내가 결혼한 것이 그나마 아빠한테 불효를 씻는 최소한의 효도였을 수도 있다고. 엄마는 아빠한테 손자 손녀를 낳아 보여 준 것 자체가 효도였다고 하지만, 손주들이 자라는 걸 못 보시다니 너무나 가슴 아팠다. 내가 세속적인 성공이라도 하기를 기다려 주시지 않고. 처음으로 산 내 집을 보고 싶어 하셨고, 그래서 엄마와 같이 와 보시기로 항공편 예약까지 하셨다는데. 아빠 없이 우리가 어떻게 사나? 아빠 없이 엄마는 어떻게? 미혼인 동생은 또 어떻게? 오고 가면서 기내에서는 일 만 가지 걱정에서 헤어날 수가 없다가도, 주님이 도움 주시겠지. 어쨌거나 나는 거기(미국)에 살아야 하니까. 불효 중에 최고 불효인 줄 알면서도 눈에 지워지지 않는 빈소와 절두산 부활의 집과 생전의 무수한 아빠 모습들….

호겸이도 유은이도 할아버지는 제 가슴속에 계시다고 한다. 내 책임이 태산만치 무겁다가도, 그럼에도 손끝 하나 도움이 못 되어 탄식한다. 품고 돌아온 아빠의 작은 사진만 액자에 넣어 탁자 위에 올렸다. 우리 아빤 너무너무 잘생겨 주위를 훤히 밝혀 주셨는데, 나는 왜 아빠를 잘 닮지 못했지. 나도 늙으면 아빠처럼 될까? 솔로몬 교수는 어른답게 아빠의 선종 소식을 약력과 사진과 함께 컬럼비아 대학 신문에 올려 주어 고마웠다. 엄마는 아픈 몸으로 혼자 어떻게 살아가실까? 강한 척하시지만 실제로는 허약하기 이를 데 없는 줄 아는데.

아빠가 바라셨던 내가 어느 만큼인지는 몰라도, 아빠의 소망만치 내가 성장할 수 있을까? 아빠 가족의 가장으로서도 아빠 손주들의 아비로서도 직업인으로서도 말이다. 형이 일찍 세상을 떠난 후 아빠는 내 성공을 더 간절히 바라셨을 거다. 어느 부모가 자식 성공을 바라지 않으랴마는, 우리 아빠는 너무 늦게 낳은 나와 동생에게 더욱 그러하셨고, 그래서 더 오래 살고 싶으셨을 터인데. 자윤이는 며느리인데도 아빠와 맥주도 마시면서 그렇게 좋아했는데, 너라도 같이 마셔 주니 다행이다. 우리 집에 나하고 같이 술 마셔 주는 아무도 없다, 하시던 아빠. 그런 기억 때문인지 자윤이는 나보다 더 울어서 얼굴이 퉁퉁 부어 엉망이 되었지만, 울어지지도 않는 나는 엄마가 쓰러질까 봐 더 걱정되었다. 앞으로 아빠 없이 가장이 된 나는 어떻게 살아야 하지? 내가 아무리 미국에 살고 있어도 엄마나 동생에겐 가장이어야 하는데. 아빠! 몇 년 만이라도 더 살아 주시지 왜 그리 빨리 가셨어요? 아빠! 다 용서해 주세요. 나도 모르는 내 고집, 버릇처럼 아빠 말씀 대들었던 나의 못된 버릇들을. 아빠 안 잊으며 아빠 손자 손녀 잘 키울게요, 할아버지를 절대로 잊지 않게 할게요. 어디 살아도 바르게 살아 너만 잘 되면 좋아! 하시던 말씀 잊지 않을게요.

초등학교 때, 아빠가 플로리다 대학교에 교환 교수로 계실 때, 엄마와 동생과 함께 갔던 올란도의 디즈니월드 구경, 보스턴의 하버드대 캠퍼스, 워싱턴의 백악관, 그랜드캐년과 샌프란시스코의 금문교, 뉴욕의 엠파이어스테이트 102층, 스미소니언 박물관과 여러 미술관 등등 다 생각나요. 내 직장이 뉴욕에 있으니 언제든 가 볼 수 있지만, 내가 아빠와 함께 안내해 드리지 못하는 게 한스러워요.

술과 하숙생과 깐소네와 아리아

휴일이나 제사 후 느긋한 저녁 시간에는, 식탁에서 혼자 술 마시며 좋아하던 아빠 모습. 또 마신다고 화난 엄마는 안방에 들어가 TV를 보다가도 못 참고 나와서는, 시인도 안 마시는데, 시인 남편이 또 술타령이냐고 화를 내면, 기막힌 술인데 한 번만 맛보라고 오히려 강권하던 아빠. 부엌의 작은 술 장 속에는 언제나 양주 몇 병이나 선물 받은 안동소주(엄마가 고향 안동소주에 대해 쓴 시가 있어서, 명절에 소주 회사가 보내 준 선물)가 있어, 아빠를 행복하게 했는데. 그 여러 병이 아직도 남았는데.

아빠는 애주가였지. 주로 제사상 물린 자리에서나 저녁 식사 후 술 몇 잔으로 기분이 좋아지면, 자주 불렀던 교가, 이 서울 이름 높은 화동언덕에…로 시작해서, 2층에 올라가 음악을 틀었고, 가끔 TV를 따라 부르시던 〈하숙생〉이 18번이였지. 엄마는 이 풍진 세상을…로 시작되는 〈희망가〉를 잘 불렀는데. 엄마 말로는 유학 때 한국 학생들 모임에서나, 이후 여러 모임에서도, 〈하숙생〉만 불렀다고. 찬미가는 〈어메이징 그레이스(Amazing Grace)〉와, 흑인 영가에 가사 붙인, 누구보다 주님은 우리 사랑하셨네,라는 성체 성가였지. 아빠가 전축을 틀고 피가로 피가로 피가로~ 하며 따라 부르거나, 혼자 마신 술기운에 혀 꼬부라진 깐소네를 따라서 흥얼거리기도 하던 울림, 하도 전축을 사고 싶어 해서 소원 들어준다 했더니, 너무 큰 전축을 사 왔다고 엄마와 다투던 아빠와 아빠 노래들. 어쩌다 듣게 되면 더 그리워져요.

깐소네는 이탈리아어로 canzone, 대중 가곡이라고, 14~18C까지 유행한 서정시를 이르는 말이었는데, 그걸 가사로 한 음악이라고 설명까지 하시면, 나는 안 듣고 내 방으로 들어와 문 닫아 버리곤 했는데. 아빠는 또 파바로티, 카레라스, 도밍고를 좋아했고, 특히 파니스 안젤리쿠스(천상의 빵)를 좋아하셨지.

엄마가 판소리를 들으면, 어릴 적 숙부님들이 모여 부르던 창(唱)이 생각난다던 아빠는, 특히, 내 친구에게 내 말 전해 주게, 나 항상 그를 사랑함으로서… 잘도 불렀지. 그래서 모임 뒤풀이에서 이 노래를 들으면, 아빠가 생각나서 가슴이 쓰리더라는 엄마. 보고 싶고 목소리 듣고 싶고 냄새 맡고 싶고 걸어오고 가는 앞뒤 모습 옆모습… 모두가 너무 그리운 아빠! 엄마는 노랫말을 더 기억하는 듯했지만, 아빠는 곡 자체에 더 민감했던 듯, 청소년처럼 여러 오페라의 아리아를 어찌 그리 잘도 따라 불렀는지, 주로 제사 후에 아빠는 서울 사투리와, 어린 시절을 자주 얘기했지. 아이 적 아빠는 개구쟁이였다고, 자문 밖의 자두를 훔쳐 따 먹고, 달려오는 전차에 박치기해서 머리가 깨졌고, 달리는 버스 밑에 들어가 반년 넘게 침도 맞았고, 딱지치기 잘해서 많이 땄다고 하면, 엄마는 휘파람 한번 불어 봐요,라고, 아빠의 신바람에 찬물을 끼얹곤 했지, 휘파람도 못 불고 자전거도 못 타면서… 엄마가 초를 치면 안동댁이 깡패인 줄 몰랐다고 얼버무리곤 했지. 엄마는 빈터나 골목길 걷기 좋아했지만, 아빠는 영화관 백화점을 잘 가고, 있는 데도 비슷한 옷을 사 와서 엄마 잔소리를 끌어내곤 했지. 멋쟁이로 입는다고 시인 부인 덕이라고 한다고, 복장도 치던 멋쟁이 아빠와, 옷에는 별 관심 없는 엄마, 어쩌다가 엄마가 새 옷을 사 오면, 옷걸이가 신통해야지, 하고 엄마를 기죽이던 아빠, 그러니까 옷이라도 좋아야지, 하던 엄마와 티격태격하시던 모습을 다시는 볼 수 없다니요.

아빠, 나 시집갔어요

아빠! 아빠 가신 후, 오빠는 부교수로 승진되었고, 미국인들도 펑펑 낙방한다는 뉴욕시와 뉴저지주, 두 곳의 의사 시험에 둘 다 합격했고, 또 미주 전체에서 뽑는 연구 실적과 교수 및 치료 등의 모든 실적에서 최우수로 선정되었고, 유은이 병은 치료되어, 엄마는 하늘로 가신 아빠 덕분이라지만, 엄마는 여전히 아파요. 아직도 약 없이는 못 주무시는데 나한테는 아니라고 속여도 나는 알거든요.

아빠! 엄마 짐덩어리 나 시집갔어요. 아빠 계실 때 시집 안 가서 너무너무 후회해요. 아빠가 그리도 내 손잡고 결혼식 입장한다고 별렀다는 엄마 말에 가슴이 찢어진다는 뜻을 알았어요. 또 아빠 계실 때 전시회 못 한 것도 너무 죄송하고, 다른 불효도 막심하지만, 이 두 가지가 가장 후회돼요. 아빠!

배필은 하늘이 주신다는 아빠 말 믿으며 나 혼인했어요. 아빠가 가신 그해 겨울은 너무나 힘들어서, 엄마와 오빠네 가서 성탄과 새해를 맞자고 했어요. 너무 힘들어한 엄마도 그러자고 해서, 우리는 아빠와 엄마의 가족 마일리지로 오빠네로 갔어요. 아빠가 그리도 가 보고 싶었던 오빠네 새집, 같이 가려고 엄마는 L.A. 특강을 약속했고, 특강 후 곧장 오빠 집으로 함께 가려 했던 여행을 엄마와 내가 갔어요.

아빠가 구글에 들어가 엄마에게 보여 주었다던 오빠 집은 지은 지 80년도 넘는 목조 헌 집, 백인들의 전형적인 집이었어요. 축구 할 정도로 넓은 뒤뜰에는 나무가 우거졌고, 대낮에도 사슴이 지나다녔고, 풀장도 있지만, 물값 아까워 사용 못 한다는, 30년을 집값을 갚아야 한다는, 흰개미 퇴치 비용도 매달 내야 한다는 이층집, 방 4개 화장실 3개, 운동장만 한 거실이지만, 서울 우리 집이 훨씬 더 좋아요.

우리는 오빠네 가서 오빠 식구들과 함께 아빠를 그리워하며 같이 울었고, 아빠 손주 호겸이와 유은이도 할아버지가 저희 가슴 속에 계시다고 했어요. 우리는 내 혼인 건을 의논하면서 애들 앞에서도 소리소리 지르며 싸웠어요. 우린 모두 너무너무 고통스러웠어요. 아빠가 안 계신 때문이고 내 탓이었어요. 우리는 그렇게 두 주일을 싸우고 싸우다가 귀국했는데, 드디어 오빠가 엄마한테 전화를 했대요. 신랑감이 세례받고 혼인 교리받는다면 주님 주신 나의 배필이고, 거절하면 아니라고. 마침 그런 신랑감이 엄마한테 약속하여, 5월 예비 신자 교리반에 등록하고, 6개월간 성경과 교리 공부를 했어요.

엄마는 신랑감의 대답을 듣자 즉시 성당으로 달려가 혼인 미사를 위해, 비어 있는 날짜와 시간과 주례 신부님을 알아보았대요. 방배동 성당은 지하철역이 가깝고, 산 아래 위치했고, 빌려 쓰는 주차장도 넓어, 주말에만 있는 혼인 미사는 적어도 1년 반 전에는 예약되어야 했는데도(그래서 오빠도 호텔 결혼식을 할 수밖에 없었는데), 마침 11월 27일 오후 5시만 비어 있었대요. 주례 신부님도 빈틈이 없는 일정에, 그 시간만 비어 있어, 주님이 준비하셨다고 굳게 믿었대요.

우리는 그해 10월 말에 개신교 신자였던 나는 크리스티나로, 용호는 미카엘로 거듭났어요. 나의 대모로는 초등학교 동기 동창인 이지은이, 용호는 홍기탁 님을 최 레티시아 원장 수녀님이 부탁해 주셨어요. 주례는 조정래 시몬 신부님, 아빠 선종하신 날 새벽에 엄마 전화를 받고 성모병원 응급실로 달려와 아빠께 마지막 성사를 주셨고, 장례 미사도 집전해 주신 본당 신부님이셨고, 절두산 부활의 집으로 아빠를 모시도록 주선해 주신 분, 조 신부님이 오신 첫날부터 온 교우들과 아빠도 무척 좋아하셨다는 바로 그 신부님이세요.

아빠 말씀대로(양가 합의) 축의금 안 받았어요. 아빠 빈소에 문상

왔던 분들은 부의금도 안 받았는데, 축의금까지 안 받아 너무 부담스럽다고도 했어요. 양가 가족들과 알음알음 알게 된 엄마 제자들과 친구분들이 오셨는데도 200여 분이나 되었고, 맛있는 저녁 식사 대접했고, 음식도 많이 남아서 싸 가지고 가라고 권했어요. 그날 나는 정말이지 울음을 참느라고 힘들었어요. 아빠가 하나뿐인 딸, 내 손잡고 혼인식에 입장하겠다고, 여권(女權)이고 나발이고 다 무시하고 꼭 그렇게 하겠다고 벼르고 별렀다는 엄마 말이 고막을 울려서요. 예단 예물 최소한으로 커플 반지만 서로 나눠 끼고 앨범도 최소한으로 만들어, 벽걸이 결혼사진도 안 했더니 엄마가 섭섭해했어요. 아빠 대신 아빠 닮은 오빠의 손잡고 입장했어요. 오빠와 언니 두 조카 호겸 유은과 언니 부모님인 사장 어르신 내외분과, 유빈 아빠 사돈 내외분은 직장 휴가 내면서 아기 유빈이와 미리 와서 종일 대기해 주셨고, 내 대학원 친구들과, 시댁은 시부모님과 시누이 내외와 시할머님까지 두 집 가족 친지 친구들과, 성당 봉사 성가대, 이렇게 해서 작은 결혼식을 올리고, 3일간 신혼여행 다녀왔어요. 우리는 산본의 레미안 하이어스에서 신혼살림을 시작했어요.

엄마와 아빠는 서울대 관악캠퍼스를 눈 아래로 깔아 봤다는 봉천동 달동네 17평짜리에서, 한 주일에 수돗물도 자정에만 두 번 나온 집에 살았다죠. 새벽 출근길에 연탄재를 뿌려야 미끄러지지 않고 내려올 수 있는 집에서 시작했다는데, 나는 너무 호강스런 신혼에 죄송해 울면서도 좋았고, 그런데도 자꾸만 싸우게 되고. 엄마 아빠 두 이모와 이모부 오빠까지 모두가 미국 박사에 교수라서 숨 막히고 답답해서, 전혀 다른 문화에서 성장한 전혀 다른 전공의 신랑을 바랐는데도, 왜 사사건건 부딪치고 싸우게 되는지 몰라요. 우리 집을 아빠가 와 보셨으면 얼마나 좋을까 그리울 때가 많지만, 너무 싸우느라고 아빠를 원망도 하고 잊어버리기도 했어요. 너무 자주 싸워서 엄마 속을 태워서, 엄마는 손목이 두 번이나 부러지게 되었고. 속히 아기 가지라고도 닦달하는데, 아빠한테 외손주 안겨 드렸으면 얼마나 좋았을까, 너무 죄송스러워 많이 울어요. 특히 신혼여행에서 돌아와 절두산 부활의 집으로 아빠를 찾아갔을 때가 더욱 그랬고, 엄마는 나와는 절대로 같이 안 산다고 해서, 아픈 엄마 혼자되어 너무 가슴 아팠고요.

엄마에게는 하루에도 수없이 전화질과 문자질로 밥 먹었나? 뭘 먹었나?고 따져 물어 대며, 천천히 걸으라고, 걸으면서 휴대폰 받지 말라고, 당부 또 당부하는 전화질을 해 대지만 마음이 안 놓여요. 내가 언제 이렇게 엄마를 걱정했던가? 한 번도 없었는데. 엄마는 아빠 가신 그해 겨울에 파출부가 거실에 늘어놓은 청소기 줄에 넘어져 왼팔목이 부러졌고, 다다음 해엔 우리가 대판 싸웠다는 소식에 정신없이 걷다가, 오른팔목이 부러졌어요. 제발 내 걱정 말고 천천히 걸으라고 다그쳐 대느라고 더 자주 전화질을 해요. 오빠네가 멀리 살아서 엄마 걱정이 더 무거워져요.

아빠 사위 괜찮은 사람, 하느님이 주신 사람이니까 안심하시고 하느님 나라에서 우리 위해 하느님께 자꾸 간구해 주세요. 우리는 아빠가 하느님 나라로 가신 것이, 아빠는 물론 우리 모두에게 축복되는 주님 뜻으로 믿자고, 미국의 오빠와 자윤 언니와도 얘기하곤 했어요. 우리 잘 살게요. 아빠 딸답게 말이여요. 참, 아빠 사위 내 신랑은 부모님과 함께 사는 남매 중 맏이이고, 시할머님이 시골에 사시고, 먼저 혼인한 시뉘 내외가 따로 살아요. 엄마는 시부모님이 해로하시는 게 가장 믿음직하대요. 신랑은 TV와 휴대폰 등 기계 설계 전공자이고 월급은 적지만 매일 한 시간씩 차를 몰아 출퇴근해요. 서로가 안 맞아 적응하느라고 자주 싸울 때마다 아빠가 더 그리워 너무너무 서러웠어요. 세상 물정 하나도 알려고도 하지 않았고, 그러고 혼인하여 더 그랬나 봐요. 엄마 집으로 달려가면 엄마는 쫓아내며, 둘이 같이 안 오면 절대로 못 재워 준다고 나만 야단쳤어요. 지금은 자주는 안 싸우는 거, 하늘나라에서 보시죠? 아빠! 걱정 마세요. 아빠-엄마는 직장 일에 지쳐, 싸울 틈도 싸울 기력도 없었다던 말이 생각나곤 해요.

김녕군 목경공파의 약사(略史)와 항렬자

아비야! 너의 식솔들이 미국에 터 잡고 살고 있어서, 생전에 아빠가 늘 걱정하며 준비하려 하던 〈가계의 약사와 항렬자〉를 한글 토와 해설을 붙여서, 손주들도 한글만 배우면 알 수 있게 써 준다.

중국 한(漢)나라 광무 황제 18년에, 가락국(駕洛國)의 구간[九干-아도(我刀), 여도(汝刀), 오도(吾刀), 피도(彼刀), 유수(留水), 유도(留刀), 유천(留天), 신천(神天), 신귀(神鬼) 등] 구추장(九酋長)이 모여, 수반(水槃)에서 놀다가 구지봉(龜旨峰)에 올라, 금합(金盒)을 얻어 열어 보자, 여섯 개의 알(卵)이 들어 있었고, 그 알에서 여섯 사내아이[童子]가 나왔단다. 그 중에 제일 먼저 나온 수로(首露)를 가락국(駕洛國)에 추대하고, 나머지를 5가야(五伽倻)에 봉했단다. 수로는 금 상자에서 태어났다 하여 김수로(金首露)라 했다니, 우리 민속 난생 설화(卵生說話) 중 하나이지.

그 뒤에 인도의 아유타국(阿踰陁國)의 공주인 허황옥(許黃玉)을 왕비로 맞아, 10명의 아들을 낳았는데, 맏아들 거등(居登)을 후사로 삼았고, 수로왕비 허황후의 부탁으로 두 아들을 허씨 성(許氏姓)으로 세상에 전하게 했으니, 김해 허씨(金海許氏)의 조상이란다. 김수로왕의 자손들과 김해 허씨의 본관은 가락국의 옛 수도인 현재 경상남도 김해(金海)이고, 세월이 흘러 지명(地名)도 가락국을 금관국(金官國), 금관군 금관소경 임해현 금주 금녕부 금주목(金州牧) 등으로 불리어 오다가, 고려 충선왕 때 김해부가 설치되어 가락국의 후손들은 본관을 김해로 했다고-. 따라서 김해 김씨는 가락국 왕족이며, 2000년 가까운 역사를 지닌 성씨로서 후손들이 남달리 번창함에 따라, 김녕군[金寧君(에 봉해짐)]을 파조(派祖)로 한 김녕군파를 비롯하여, 모두 142개 분파로 계승하여 대를 이어 오고 있다고 한다.

가락국 시조 김수로왕이 어느 날 구지봉에 올라 보니, 비단 돛대가 휘날리는 배 한 척에 비단옷을 입은 여인들이 타고 와서 엎드려 고하기를, 꿈에 배를 타고 동쪽으로 가서, 김수로왕과 혼인하라는 명령을 받고, 인도 아유타국에서 온 공주라고. 인도인 혈손이라서 김해 김씨는 곱슬머리와 몸에 검은 점이 있는 특징을 지녔다는 속설도 있단다. 중학교 적, 하교한 문정이가 아빠 땜에 혼났단 말야! 하고 대들어, 왜? 하고 물으니, 아빠가 김해 김씨잖아!라고 대들었지. 연유인즉 앞머리가 곱슬이어서 선생님이 파마했다고 오해했던 모양이었지.

인도 아유타국의 문장은 물고기라는데, 지금 김수로왕과 허황비의 왕릉에는 물고기 문장이 새겨졌고, 1980년에 아빠와 엄마가 인도 여행 중, 거리에서 어느 택시에 새겨진 물고기 문장을 본 적도 있단다.

또 오래전 우리나라 민법에 같은 본관의 같은 성씨끼리는 혼인을 금지[동성동본금혼(同性同本禁婚)]하기도 했는데, 김해 김씨와 김해 허씨는 김수로왕과 허황옥 부부의 10명의 자식 중, 아래로 두 자식이 허씨 성을 물려받았다는 동일 본관이라 하여 불혼(不婚)이 되었고, 두 성씨들이 스스로 혼인을 피하기도 했지만, 지금 우리 민법에는 그런 조항이 없어졌고 풍속과 인식도 바뀌어 자유롭단다.

너들 아빠 가계의 김녕군 목경공파의, 세(世)와 항렬자(行列字)는 다음과 같으니, 자식들에게 반드시 가르쳐야 한다. 생전의 아빠는 조상을 잊고 잃어버리면 짐승과 다르지 않다고 하셨단다.

·20세(世)의 항렬자는 현(顯)

·21세의 항렬자는 배[培: 증조부님의 관배(寬培)라는 함자]

·22세는 석(錫) 또는 종[鐘: 조부님 종익(鐘益)이라는 함자]

·23세는 수 또는 태[洙 또는 泰: 아빠(潤泰)와 백부님들 함자]

아빠가 남긴 자료에는, 큰형님 충수(忠洙, 1922년 7월 2일생), 둘째 형님 정태(禎泰, 1928년 8월 13일생), 셋째 형님 규태(奎泰, 1931년 8월 26일~1950년 8월 20일 졸?)로 되어 있는데, 졸(卒)한 날짜는 아마도 인민군에 끌려간 날짜인 듯 추정될 뿐, 아빠에게서 어떤 관련 얘기도 들은 기억이 없다.

·24세는 영(榮: 족보에는 상균은 영균으로, 문정은 영정으로, 고인 된 형 상범은 영범으로 되었음)

·25세는 겸(謙) 또는 섭(燮): 호겸(昊謙)으로 유은(裕恩)도 족보에는

유겸(裕謙)이 되어야 한다.

이상 증조부님(寬培의 培)은 목생토(木生土)의 흙[土] 자가 들어간 배(培)로, 조부님(鐘益)의 종(鐘)은 토생금(土生金)의 쇠[金] 자가 들어간 종(鐘) 자로, 아빠(潤泰)의 태(泰)는 금생수(金生水)의 물[水] 자가 들어간 태(泰) 자로, 상균과 문정은 수생목[水生木-나무 목(木) 자가 들어간 영균(榮均)과 영정(榮廷-족보의 이름자)으로, 나무 목 자가 들어갔음]으로, 호겸과 유은은 목생화(木生火)의 불 화(火) 자. 즉 녁 점이 들어간 겸 자의 호겸(昊謙)과 유은은 유겸(裕謙)의 겸 자에 말씀 언 자가 화(火) 자로 녁 점으로 계산되어 지어진 이름자들이다.

· 26세는 재(載 또는 在: 호겸 아들의 항렬자)로 화생토(土)가 든 글자

· 27세는 진(鎭: 호겸 손자의 항렬자)으로 토생금(金)이 들어간 글자

· 28세는 호(浩: 호겸 증손자의 항렬자)로 금생수(水)가 들어간 글자

· 29세는 근(根: 호겸 고손자의 항렬자)으로 수생목(木)이 들어간 글자

· 30세는 병 또는 성(炳 또는 性: 호겸의 5대 현손자의 항렬자)으로 목생화(火)가 들어간 글자

· 31세는 곤 또는 용(坤 또는 用: 호겸 6대 현손자의 항렬자)으로 화생토(土)가 들어간 글자

· 32세는 호(鎬: 호겸의 7대 현손자의 항렬자)로 토생금(金)이 들었음.

· 33세는 순(淳: 호겸의 8대 현손자의 항렬자)으로 금생수(水)가 들었음.

· 34세는 동(東: 호겸의 9대 현손자의 항렬자)으로 수생목(木)이 들었음.

·35세는 열 또는 환(烈 또는 煥: 호겸의 10대 현손자의 항렬자)으로 목생화(火)가 들었음.

·36세는 중(重: 호겸의 11대 현손자의 항렬자)으로 화생토(土)가 들었음.

·37세는 선 또는 용(善 또는 鎔: 호겸의 12대 현손자의 항렬자)으로 토생금(金)이 들었음.

·38세는 낙(洛: 호겸의 13대 현손자의 항렬자)으로 금생수(水)가 들었고

·39세는 상(相: 호겸의 14대 현손자의 항렬자)으로 수생목(木)이 들었고

·40세는 형(泂: 호겸의 15대 현손자의 항렬자)으로 목생화(火)가 들었고

·41세는 규 또는 기(奎 또는 基: 호겸의 16대 현손자의 항렬자)로 화생토(土)가 들었으며 족보와 가승에 쓰였으니 참고하여라.

족보와 가승은 아빠가 물려받은 목기함에 있으니, 아비가 가져가 대대로 물려줘야 한다.

족보와 가승에 따르면, 아빠는 김해 김씨 김녕군 목경공파 23대 현손이고, 아비 상균이와 문정이는 24대 현손으로, 족보상 항렬자로서는 영균(榮均), 영정(榮廷)이다. 또 호겸과 유은은 25대 현손으로, 호겸은 족보상 25세 현손의 항렬자인 겸손할 겸(謙) 자에 따른 호겸(昊謙)인 줄 알 거다. 또한 유은이도 유겸(裕謙)으로 족보에 올려야 할 거다. 또한 불꽃 섭(燮) 자가 들어간 이름을 보면, 너와 같은 김해 김씨 김녕군 목경공파, 호겸이와 유은이와 같은 항렬인데, 겸(謙) 자 대신에 섭(燮) 자를 넣어 지은 이름이라는 것도 알

수 있다(불[火]이 불꽃 섭 자의 불[火] 자와 동일한 넉 점으로 계산됨).

이렇게 조상들이 모여서, 오행(五行)의 무한 순환 원리에 근거하였으니, 오행이 무한 반복되듯이 자손들의 무한 번창을 기원하여, 합의로 정해 놓은 세(世), 즉 대대의 항렬자는, 모두 자손의 끝없는 번창을 기원하는 수생목(水生木-물로 나무가 생겨 자라고), 목생화(木生火-나무에서 불이 생기고), 화생토(火生土-불이 타면 나무는 흙이 되고), 토생금(土生金-흙에서 금이 나고), 금생수(金生水-금에서 물이 생김)- 무한 반복을 기원 상징하는 오행(五行) 원리에 근거했고, 여러 성씨(姓氏)들이 이런 오행 원리로 항렬자(行列字)를 정하여 이름 지을 때 따른단다. 물론 가훈(家訓) 등에 따르는 성씨도 있지만.

이 내용은 아빠가 너에게 일러 주려 하셨는데, 네가 대학 졸업 즉시 입대했고, 제대하자마자 펜실베이니아 대학교(U.Pen)에 유학, 졸업도 하기 전에 컬럼비아(Columbia) 대학교 교수로 가게 되어 가르칠 틈이 없다고 하셨기에 최대한 쉽게 풀이했다마는.

아빠가 스크랩 메모해 두신 걸 발견하여 정리한다마는, 아빠의 글씨를 읽어 내지 못하는 것들도 많아 안타깝다. 메모에는 조상들 중에 대부(大夫) 승정원 좌승지 호조 참판 겸 동지정무부사 등등과(내가 아빠의 글씨를 읽어 볼 수 없는 벼슬도 있어), 공조참의 정2품 정3품 통정대부 중추원 의관 시종원 시종 등의 벼슬을 사신 분도 계셨고, 나라님으로부터 정경부인 첩지를 받은 조상 할머님들도 여럿

계셨더구나. 도저히 읽을 수 없는 아빠의 글씨들도 많으니, 훗날 내가 보관하는 가승(家乘)이나 족보(族譜)를 가져가 참고하기 바란다마는, 너는 영어에는 능하나 한자에는 무지한 듯, 네 후손들 중에 한자 공부 제대로 한 누가 나와서 제대로 읽어 내기를 바란다.

내가 돋보기를 쓰고도 확대경을 덧대어 이런 내용을 담으니, 너희가 반듯하고 올곧게 살아 국가와 사회에 봉사하신 조상들의 자손으로서, 긍지와 자부심을 잊지 않아 조상님들께도 부끄럼이 없이 살고, 또한 무궁하게 이어질 너희 후손들도 그렇기를 바라는 아빠와 엄마의 소망을 잊지 않기 바란다.